e-Ratgeberverlag

Eduard Wingerter

Heinrich-Heine-Platz 16

D-76829 Landau in der Pfalz

Tel. +49 (0)6341 987 48 60

Fax +49 (0)6341 987 48 62

E-Mail: info@e-ratgeberverlag.com

Erste Auflage – September 2015

ISBN: 978-3-943231-54-0

Frag nicht nach dem Sinn des Lebens…

…frag lieber nach dem ZWECK!

Ein Hinweis vorab:

„Verdauen" Sie das vor Ihnen liegende Buch in kleinen Häppchen – sonst könnte es Ihnen so ergehen, als ob Sie ein Kilo Brot auf einmal gegessen hätten – Sie stehen kurz vor dem Platzen!

Eduard Wingerter

Inhaltsverzeichnis

Vorwort

… vielleicht kennen Sie mich schon oder Sie haben eines meiner bisher im e-Ratgeberverlag veröffentlichen Bücher gelesen – ich bin Eduard Wingerter.

Vor mehr als zwanzig Jahren, genauer gesagt in der Mitte meines vierzigsten Lebensjahres, stand ich vor der gleichen Frage wie vermutlich Sie jetzt: **„Was ist der Sinn des Lebens, wozu bin ich hier auf dieser Erde, warum passiert das alles, was mir gerade passiert?"**

Der plötzliche Unfalltod meines damaligen besten Freundes und Geschäftspartners Jürgen war unbegreiflich und erschien mir völlig sinnlos. Wir waren gerade voller Wachstumspläne und sogar mitten im Bau eines neuen Geschäftsgebäudes, als es passierte. Und dann…

Aus, Amen, alles vorbei! Warum nur? War es Schicksal? War es einfach nur ein dämlicher Zufall? Gibt es vielleicht doch eine höhere Macht, die unser Leben bestimmt?

Diese Fragen saßen buchstäblich wie ein bohrender Pfeil mitten in meinem Herzen und ließen mich nicht mehr los.

Das Geschehene war endgültig und meine Reaktion darauf war ein Sammelsurium von Empfindungen. Aber ich hatte keine Zielperson, auf die sich meine Wut richten konnte und in meinem Weltverständnis gab es keinen lieben Gott, dem ich Vorwürfe machen konnte.

Die Frage nach dem Sinn des Lebens schien für mich ein quälendes Dilemma ohne Ausweg zu sein – die Probleme, die verletzten Gefühle, all die Ungerechtigkeiten und die Frustrationen im Leben ergaben für mich einfach keinen Sinn. Für manche Menschen soll dies sogar zu Verzweiflung und Selbstmord führen – nicht so für mich. Aber einfach nur die allgemein vorherrschenden religiösen oder philosophischen Antworten meiner Umgebung zu übernehmen, das entsprach so gar nicht meinem inneren Wesen.

Bei der Suche nach Antworten (das Internet ist voll davon), erstaunte mich zunächst, dass die meisten Menschen – sogar Philosophen, Wissenschaftler und Theologen – kein wirkliches Verständnis von dem wahren Zwecks eines menschlichen Lebens hatten. Mich jedenfalls hat das, was ich gelesen hatte, in keiner Weise befriedigt.

Viele belanglose Antworten

Die meisten Menschen empfinden ihr Leben nur als hektisch und angefüllt mit alltäglicher Routine und Belanglosigkeiten. Solange sie sich nur einigermaßen „durchwursteln" können, nehmen sie sich selten die Zeit, über die wichtigste Frage nachzudenken, die sie sich jemals hätten stellen können: **Wozu existieren wir eigentlich? Was ist der wahre Sinn des menschlichen Lebens?**

Wer sich heute daran machen will, den Sinn menschlichen Lebens zu ergründen, muss zunächst eine unglaubliche Vielfalt einander widersprechender Ideen durchforsten. So ist es mir auch ergangen. Also: Lesen, lesen, lesen…

Viele gelesene Bücher später und nach mannigfaltigen Recherchen im Internet zog ich eine Zwischenbilanz: Heute wird mehrheitlich angenommen, dass es der vorwiegende Sinn des Lebens sei, die Freiheit zu haben, zu tun und zu lassen können was man will und womit man sich glücklich fühlt. Und dann geht man morgens zur Arbeit, nur um ein paar Kröten zu verdienen und sitzt abends vor der Glotze. Dies soll der Sinn des Lebens sein?

Mit einem aufmerksamen Blick in die Welt wird schnell klar: Millionen von Menschen sind wie die Lemminge am Streben nach persönlichem Spaß durch Drogen, sexuelle Aktivitäten, schnelle Partnerwahl und ebenso schnelle Trennung, Affären, Partys und die Suche nach Reichtum – nur um einige Zeit später herauszufinden, dass materielle Dinge und körperliche Erfahrungen keine dauerhafte Erfüllung bringen und dem eigenen Leben keinen wirklich spürbaren Sinn geben.

Einige der reichsten und berühmtesten Leute der Welt haben bedeutungsleere, einsame und frustrierende Leben geführt, oft fast gelähmt vor Angst, dass ihnen jemand nach ihrem Reichtum oder ihrem Leben trachtet, weil sie vergaßen – oder nie gewusst haben – was der wirkliche Sinn des Lebens ist.

Dazu fällt mir eine Geschichte ein:
Vor Tausenden von Jahren gab einer der weisesten Männer, die jemals gelebt haben, all denen einen Rat, die auf ihn hören wollten. Salomo, ein König Israels im Altertum, soll laut dem Buch „Prediger" das Ergebnis seiner Suche nach dem Sinn des Lebens und der einzigen Quelle wahren

Glücks niederbeschrieben haben. Er hatte angeblich alles probiert – das sprichwörtliche „Wein, Weib und Gesang" – mit 700 Frauen und 300 Liebschaften. Er baute Paläste, sammelte große Reichtümer an und wurde berühmt bis in die angrenzenden Nationen. Doch er musste erkennen, dass wir am Ende alle sterben und nichts mitnehmen können. Bei ihm führte das zu einer Depression und er dachte über Selbstmord nach. Er schrieb: „Siehe, da war es alles eitel und Haschen nach Wind, darum verdross es mich zu leben". Salomo lernte, dass Streben nach körperlichen Erlebnissen und Anhäufen von Reichtümern keine wirkliche Erfüllung bringt – dass es einen für jeden Menschen einen ersichtlichen Sinn und Zweck für das menschliche Leben gibt, der weit über das Materielle hinausgeht.

Doch diese wichtige Tatsache wird heute praktisch nicht mehr wahrgenommen. Immer noch unterliegen die meisten Menschen dem Irrtum, dass der gewinnt, der am Ende die größten Besitztümer angesammelt hat. Die Folgen dieses Irrtums sind gewaltig, wie wir noch sehen werden.

Doch machen wir zunächst einmal „Bestandsaufnahme"…

Lassen Sie uns als erstes über die Vorstellungen reden, die verschiedene Kulturen hatten, denn zu allen Zeiten haben Religionen und Philosophien eine unglaubliche Vielfalt an Ideen über den Sinn des Lebens hervorgebracht.

Leute, die sich zum Christentum bekennen, nehmen im Allgemeinen an, dass „gute Menschen" oder „die Erlösten" in den Himmel kommen. Viele glauben, dass man dort auf einer Wolke sitzt, Harfe spielt und Gott ewig lobpreisen darf, während „böse Menschen" auf ewig in die Hölle verbannt werden.

Amerikanische Indianer erwarteten einst, in die „ewigen Jagdgründe" einzugehen. Buddhisten versuchen seit jeher, das Nirvana zu erreichen, in dem die Seele in das Göttliche mit einfließt und eins wird mit dem Universum, wodurch die Existenz der Seele als individuelle Einheit aufhört.

Hindus glauben, dass das menschliche Leben eine Serie von Wiedergeburten ist - mit dem Zweck, Schuld aus den vergangenen Leben abzutragen und sich damit zum „Höchsten" zu entwickeln. Muslimen wird erzählt, dass sie in einem Paradies erwachen, wo sie von Dutzenden schöner

12

Jungfrauen umgeben sind, wenn sie als Märtyrer sterben. Die Wikinger glaubten, dass die Seelen verstorbener Helden, die im Kampf gefallen waren, in Walhalla - dem Ort der Unsterblichkeit - verweilen, wo sie auf ewig weiterkämpfen und Feste feiern würden.

Da die meisten Ideen über den Sinn des Lebens mit wissenschaftlichen Methoden nicht bewiesen werden können, werden sie heute allgemein mit Skepsis betrachtet.

Die durch die Evolutionstheorie geprägten Wissenschaftler verfallen in ein anderes Extrem und behaupten, dass es keinen erkennbaren Sinn für das menschliche Leben gäbe. Der menschliche Körper sei nichts weiter als ein Behälter voller DNS, der nur existiere, um seine Art fortzupflanzen.

Über Jahrzehnte hinweg haben uns wissenschaftliche Lehrbücher erklärt, dass **Teleologie** (die Lehre vom Sinn und Zweck) außerhalb des Bereichs der ernstzunehmenden Wissenschaften liegt und dass man deshalb nichts wirklich Überprüfbares über dieses Thema sagen kann.

Dennoch konnte dies manche Mitglieder wissenschaftlicher Kreise nicht davon abhalten, umfassende Aussagen darüber zu machen, was der Sinn des Lebens sei. Aber mehrheitlich nehmen die Menschen an, dass man nichts mit Sicherheit zu diesem Thema sagen kann, wenn die Wissenschaft keine Antworten auf die Frage nach dem Sinn des Lebens liefern kann.

Wie wir bald sehen werden, ist dies jedoch eine falsche Annahme, die zu weit verbreiteter Unwissenheit geführt hat.

Präzise sprachliche Bedeutung

Zumeist wird die Frage nach dem Sinn des Lebens so verstanden, dass nach einem bestimmten Zweck gefragt wird, dem das Leben dienen soll, oder nach einem bestimmten Ziel, das angestrebt werden soll. Viele Missverständnisse bei den Versuchen, einen solchen Zweck zu bestimmen, haben ihre Ursache schlicht darin, dass versäumt wird, die Begriffe *Sinn, Zweck* und *Leben* eindeutig und klar zu definieren – wobei *Sinn* und *Zweck* beliebig in den Auslegungen verwendet werden, also scheinbar das Gleiche sind. Aber gerade dies ist eben nicht so…

„Sinn" ist ein mehrdeutiger Begriff, er kann entweder als teleologischer Sinn oder als rein sprachlicher Begriff („Sinn" als Bedeutung einer Aussage) aufgefasst werden. In der Suche nach Antworten wird dieser Begriff sowohl in der Theologie als auch in der Philosophie verwendet.

Als „Zweck" wird allgemein lediglich der Beweggrund einer zielgerichteten Tätigkeit/eines Verhaltens verstanden. Wenn Sie sich vor wissenschaftlichen Auslegungen nicht scheuen, geben Sie einfach mal das Suchwort „Zweck" in

15

Wikipedia ein. Zusammengefasst versteht man heute mehrheitlich unter ZWECK das Motiv für eine Handlung und die Handlung selbst, die dem bewussten Menschen als Instrument für die Verwirklichung seines Willens dient – er will das angestrebte Ziel erreichen.

„Leben" ist der Zustand, den alle Lebewesen gemeinsam haben und der sie von „toter Materie" unterscheidet, sowie die Gesamtheit der Lebewesen in einem abgegrenzten Gebiet. Damit etwas als lebendig gilt, muss es (er, sie) nach gültiger Definition bestimmte Eigenschaften haben:

- Sie sind von ihrer Umwelt abgegrenzte Stoffsysteme.
- Sie haben Stoff- und Energiewechsel und sind damit in Wechselwirkung mit ihrer Umwelt.
- Sie organisieren und regulieren sich selbst.
- Sie sind zur Reproduktion fähig.
- Sie wachsen und sind damit zu Differenzierung fähig.
- Sie sind reizbar (reagieren auf Reize) und damit fähig, chemische oder physikalische Änderungen in ihrer Umgebung zu registrieren und sich anzupassen.

16

Die Biologen untersuchen und beschreiben die Erscheinungsformen lebender Systeme, ihre Beziehungen zueinander und zu ihrer Umwelt sowie die Vorgänge, die sich in ihnen vollziehen. Dazu zählen Energie- und Stoffaustausch, Wachstum, Fortpflanzung, Reaktion auf Veränderungen der Umwelt sowie die Möglichkeiten, sich über Kommunikationsprozesse zu koordinieren.

Die Weltreligionen definieren zumindest zwei Wirklichkeiten des Lebens. Die irdisch-biologische (endliche) Form, wie sie in den Naturwissenschaften beschrieben werden kann - und das ewige Leben.

Aber dieses Buch ist ja für Menschen geschrieben, die auf der Suche nach dem Sinn ihres eigenen, ganz persönlichen Daseins auf dieser Erde sind. In meiner Tätigkeit für den Verein „Gesundheitsinitiative Landau e.V." habe ich viele Menschen auf ihrer Sinnsuche begleitet. Und genau wie bei mir selbst waren es immer schmerzliche Ereignisse, die der Anlass für diese Suche waren.

Denn sinnvoll erscheint einem das Leben nur, wenn es der eigenen Wertvorstellung möglichst im Ideal entspricht.

Viele der Menschen, die sich an mich gewendet haben, empfanden den Sinnverlust als Krankheit und äußerten die Hoffnung, ihrem Leben einen neuen Sinn geben zu können. Die Empfindung völliger Sinnlosigkeit des eigenen Daseins, oft gepaart mit dem „Gefühl einer völligen Gefühllosigkeit" und der inneren Leere, war nicht wenige Male auch der Beginn für einen Lebensabschnitt in tiefer Depression.

Bei den wenigsten Menschen ist der Bedarf nach klaren Antworten ad hoc (plötzlich) entstanden. Sie gingen zuerst den Weg der Verdrängung. Hierdurch wichen sie der Auseinandersetzung mit der Sinnfrage und damit letztlich mit sich selbst aus, funktionierten im Alltag unauffällig weiter, fühlten sich aber immer weniger authentisch in ihrer Lebensgestaltung.

Andere Menschen reagierten auf das drückende Gefühl der Sinnlosigkeit Ihres Lebens mit geradezu zynischer Unterdrückung des leidvollen Zustandes und waren nur noch von Sachzwängen und dem Selbsterhaltungstrieb vorangetrieben, aber in der letztlich entstehenden Verzweiflung drohte ihr Leben zu scheitern.

Die objektiv sinnlose Welt

Ohne Zweifel verstärken die momentanen Zustände auf unserer Erde beziehungsweise in unserer menschlichen Gesellschaft die Sehnsucht nach dem Erkennen des Sinns.

Die Rat und Hilfe suchenden Menschen beschrieben ihre Wahrnehmungen als „globalen Wahnsinn", sie sprachen davon, dass die Menschheit „aus der Spur" gekommen sei und dass die Zustände auf der Welt immer unerträglicher und für sie persönlich zunehmend bedrohlicher werden würden.

Was lässt sich auf die "Sinnfrage" antworten, wenn der Lauf der Welt von Anpassungserfolg und Zufall bestimmt wird, wovon Darwin in seiner Evolutionstheorie überzeugt war? Also scheint es bewiesen, dass der Evolution selbst kein Sinn innewohnt, dass sie nicht zielgerichtet verläuft.

Trotzdem bedeutet das nicht, dass es in Darwins Kosmos unmöglich wäre, sich und seinem Leben einen Sinn zu geben. Dies ist dann freilich kein "höherer", sondern ein selbstbestimmter Sinn. Die Vertreter dieser Denkrichtung plädieren dabei für einen moralischen Individualismus.

Moralische Individualisten benötigen den Rückgriff auf eine "höhere Ordnung" nicht, sie sind sich selbst genug und möchten sich das Leben nicht vermiesen lassen durch diejenigen, die sich auf eine höhere Ordnung berufen und davon auch noch materiell profitieren.

Diese Einstellung ist wohl schon in dem überlieferten Spruch enthalten: „Jeder möge nach seiner Facon glücklich werden!" Aber das hat beim „Alten Fritz" schon nicht funktioniert (siehe seine Biographie) und funktioniert in der heutigen „Spaßgesellschaft" genau so wenig.

Spaßig ist nebenbei bemerkt die Suche nach der Herkunft des Begriffes „Sinn". Er könnte sich nämlich vom Englischen „sin" = Sünde abzuleiten und das Wort „sinnlos" mit der deutschen Endung „-los" bedeutet „ohne". Sinnlos ist es, ohne Sünde zu sein. Ziehen Sie Ihre eigenen Schlüsse daraus… vielleicht schmunzeln Sie dabei.

Es wäre gewagt, aus dieser Betrachtung die Bestrebungen der verschiedenen Religionsgemeinschaften abzuleiten, dem Menschen für ein dienendes Leben im Hiersein die ewige Belohnung im Jenseits zu versprechen.

20

Gewinn oder Verlust?

Warum stellen sich viele Menschen überhaupt die Frage nach dem Sinn ihres Daseins? Warum drängt es viele Menschen so sehr, sie zu beantworten? Was ist eigentlich der Gewinn oder der Verlust, wenn die Frage beantwortet oder nicht beantwortet wird?

Es könnte auch eingewendet werden, dass es sinnlos sei, so viel Zeit und Arbeit auf die Lösung dieses „Rätsels" zu verwenden. Auf der anderen Seite scheint die Erklärung für das Sich-Stellen dieser Frage auf der Hand zu liegen: Fragt man nach dem Sinn, dann deswegen, *weil er verlorengegangen ist* – ohne diese „Verlorenheit" würde sich die Frage gar nicht erst stellen; es ist der Zweck einer jeden Frage, ihre Antwort zu finden.

Eines ist offensichtlich: Das verbindende Wort aller Sinnfragen heißt WARUM.

Viktor Frankl, ein Überlebender des Holocaust, hat es so formuliert: „Wer ein Warum zu leben hat, erträgt fast jedes Wie".

21

Die Antworten der Philosophen

(zusammengefasst aus Wikipedia)

Offensichtlich beschäftigt den Menschen die Suche nach dem Sinn des Lebens schon seit langer Zeit. Kenntnis davon haben wir durch die gefundenen Schriften und Überlieferungen der Antike. Platon, Aristoteles und Epikur äußerten ihre Vorstellung zum Lebenssinn und lehrten ihr „Wissen" auf unterschiedliche Art.

Im Mittelalter beherrschten zumindest im Gebiet des heutigen Europa die christlichen Kirchen alle Wissenschaften und besaßen somit das Monopol auf die Sinnangebote für die Menschen. Die Furcht vor den Folgen der begangenen Sünden machte die Menschen abhängig und ausbeutbar. Denn nur wer die Gebote der Kirche befolgte, konnte in das „Ewige Reich Gottes" eingehen. Oftmals waren die Kirchenmänner auch die weltlichen Herrscher in einer Person.

Stark verkürzt kann man aus der Sicht des Mittelalters als den Sinn des Lebens das ewige Leben, also die ewige und maximal mögliche Gemeinschaft mit Gott angeben.

Auch zu Beginn der Neuzeit (etwa ab 1750) orientierten sich die meisten Menschen noch an der christlichen Lehre.

Erst im Zeitalter der Aufklärung begannen die Menschen, die auf Frömmigkeit und die Traditionen vertrauende autoritätsgläubige Geisteshaltung kritisch zu hinterfragen. Bis dahin galt das Prinzip, das folgende kleine Episode beschreibt: Der Fürst trifft den Bischof und sagt zu ihm: „Halt Du sie dumm – ich halt sie arm!"

Mit der Aufklärung jedoch sollte sich der Mensch wieder seines *eigenen* Verstandes bedienen und die Verantwortung für sein Leben selbst übernehmen, statt sich blind auf weltliche oder kirchliche Institutionen zu verlassen.

Immanuel Kant kritisierte die bis dahin herkömmlichen Vorstellungen von Glück, da diese nach seinem Verständnis bedeuteten, dass jeder den unvorhersehbaren Schwankungen seiner eigenen wechselhaften Triebe, Bedürfnisse, Gewohnheiten und Vorlieben ausgeliefert ist. Er forderte stattdessen, dass sich die Menschen freiwillig den Gesetzen der Moral (kategorischer Imperativ) unterwerfen. Dadurch könne ein selbstbestimmtes (autonomes), vernünftiges Leben geführt werden, in dem sich immerhin Zufriedenheit erreichen lässt.

Auch der Determinismus hatte Auswirkungen auf die Debatte über den Sinn des Lebens. Deterministen behaupten, dass ein Zustand der Welt zusammen mit den Naturgesetzen jeden weiteren Zustand der Welt festlegt. Einige Philosophen waren der Meinung, dass dies einen freien Willen unmöglich mache. Wenn der Weltverlauf schon feststehe, so könne man sich nicht mehr frei für eine Handlung entscheiden. Doch damit, so wurde weiter argumentiert, drohe auch der Sinn des Lebens zu einer Farce zu werden. Schließlich könne man sich einen „Sinn" dann nicht mehr aus freier Entscheidung geben und für seine Erfüllung sorgen.

Hinweis: Heute steht der freie Wille des Menschen erneut zur Disposition. Weitere Fakten in einem späteren Kapitel.

In Arthur Schopenhauers philosophischer Konzeption ist das Leben durch das Prinzip des Willens geprägt. Dieser Wille ist allerdings kein individueller Wille, sondern ein metaphysisches Grundprinzip, das sich als Resultat des unbewussten und ziellosen Dranges des Willens in allen bekannten Erscheinungen manifestiert. Dies war für ihn gleichbedeutend mit Leiden, da das Wollen des Menschen eben niemals dauerhaft zufriedenzustellen sei. Nur der ästhetische Genuss, die Versenkung in Kunst und Musik könne den Menschen in einen Zustand der reinen Anschauung versetzen, in dem das Leiden aufgehoben ist.

Einen völlig anderen Ansatz vertrat Friedrich Nietzsche, der die Aufgabe des Menschen darin sah, einen höher entwickelten Menschentypus hervorzubringen: den Übermenschen. Dieser soll hart und ohne jedes Mitleid gegen sich selbst und andere sein. Sein Lebenszweck bestehe darin, aus seinem Leben und aus der Menschheit ein Kunstwerk zu formen. Er forderte: „Wozu Du da bist, das frage Dich und wenn Du es nicht erfahren kannst, so stecke Dir selber Ziele, hohe und edle Ziele und gehe an ihnen zu Grunde!"

Der Existenzialismus beschäftigte sich besonders intensiv mit der Problematik des Lebenssinns. Im Mittelpunkt stand die Erkenntnis, dass es jedem Menschen aufgegeben ist, frei zu wählen und zu entscheiden, was er mit seinem Leben

26

tun will. Jean Paul Sartre formulierte hierzu: „Frei sein heißt zum Freisein verurteilt sein". Der Mensch ist in die Welt „hineingeworfen" worden und er müsse sich nun selbst definieren. Das bedeutet: Der Mensch sei nichts anderes als das, wozu er sich selbst macht. Er konzipiert ständig neue Entwürfe von sich, die er dann (nach)lebt. Diese totale Freiheit bedeute aber auch die Bürde einer vollständigen Verantwortung für sich und sein Handeln, denn das eigene Leben könne durch keine andere, höhere Instanz mehr entschuldigt werden.

In der Gegenwart:

Die drohende Auslöschung der Menschheit durch einen globalen Krieg, das mögliche Ende des Fortschritts, die zunehmend sichtbar werdende Zerstörung der Umwelt, die warnende Prophezeiung vom Ende des Wachstums und der Wegfall der Wertesysteme (wie im Holocaust) in der westlichen Hemisphäre haben im Verlauf der zweiten Hälfte des 20. Jahrhunderts zu einem gesellschaftlichen Phänomen geführt, das häufig als *allgemeine Sinnkrise* bezeichnet wurde.

Die Menschen folgen heute mehrheitlich dem Prinzip des Hedonismus.

Hedonisten behaupten, der gesamte Lebenssinn liege in der Befriedigung von Bedürfnissen. Intensive, reizvolle und angenehme Lustempfindungen werden aktiv gesucht und nach Möglichkeit gesteigert. Die Verrechnung von Lust und Unlust soll dabei für das Individuum möglichst zu jedem Zeitpunkt ein positives Gesamtergebnis aufweisen.

Ist dies das Rezept gegen die „Sinnkrise"?

Wohl kaum, sonst wären Hedonisten die glücklichsten und gesündesten Menschen auf der ganzen Erde.

SINN kommt von „sinnen" (nachsinnen)

Menschen sind schon seltsame Wesen. Sie haben einen Verstand und sie wollen (oder müssen) verstehen. Nur das Verstehen der Zusammenhänge und der Bedeutung aller Geschehnisse bewirken, dass der Mensch sprichwörtlich Bodenhaftung hat.

„Einen guten Stand haben" – „Aufrecht im Leben stehen" – „Seinen Mann stehen", dies sind die sprachlichen Analogien dafür. Und wenn etwas passiert, was der Mensch als bedrohlich für sein Leben empfindet, zieht ihm das gar zu oft „den Boden unter den Füßen weg".

Über etwas Nachsinnen heißt allgemein, seinen gesunden Menschenverstand zu benutzen. Tatsächlich ist aber der Verstand, weil er sich des Biocomputers Gehirn bedient, nur wenig bis gar nicht geeignet, einen Sinn zu begreifen.

Die menschlichen Sinne sind in bekannter Weise eindeutig definiert. Zunächst ging man von fünf Sinnen aus. Es waren Sehen, Hören, Riechen, Schmecken und Fühlen. Die Neurowissenschaftler definieren heute die menschlichen Sinnesmodalitäten viel weitergehend.

Sie kommen auf zehn Sinne der Lebewesen, unter anderem zählen sie den Gleichgewichtssinn und die Sinneszellen des Organismus hinzu. Damit ist die Wahrnehmung von Schmerz, Temperatur oder Druck gemeint.

Vernachlässigt wird der allseits bekannte „Sechste Sinn". Obwohl jeder Mensch einschlägige Erfahrungen mit diesem Sinn hat (wir nennen ihn Intuition), wird er eher und völlig zu Unrecht als unwissenschaftlich bezeichnet.

Das „Bauchgefühl" ist im Bereich des Solarplexus (des Sonnengeflechts) und des menschlichen Darms angesiedelt und seine bioelektrischen Funktionen sind ebenso wie die des Gehirns neurologisch nachweisbar. Warum wehrt sich die Naturwissenschaft so vehement gegen diese Tatsache?

Eine kleine Geschichte hierzu:
In einer seiner Vorlesungen sprach Albert Einstein wohl auch über das Vorhandensein von Intuition. Einer seiner Studenten widersprach vehement und sagte, dass er sich nur und ausschließlich auf seinen gesunden Menschenverstand verlasse, der sehr wohl erkennen könne, was gegenständlich ist, nämlich nur das, was man sehen und an-

fassen könne. Daraufhin forderte Einstein diesen Studenten auf, nach vorne zu kommen und seinen gesunden Menschenverstand auf den Tisch zu legen - er erntete im Auditorium damit großes Gelächter.

Der Vorgang DENKEN ist zwar wissenschaftlich definiert, löst aber bekannterweise die Frage nach dem Sinn des Lebens nicht wirklich. Wie Denken im Einzelnen geschieht, ist Forschungsgegenstand verschiedener Disziplinen.

Allgemein denkt der Mensch, um ein Problem zu lösen. Ein Problem besteht, wenn von einem gegebenen Ausgangszustand aus ein gewünschter Zielzustand nicht ohne weiteres erreicht werden kann. Das zwischen Ist- und Soll-Zustand liegende Hindernis muss durch Einsatz von Hilfsmitteln (sog. Operatoren) beseitigt werden. Hierzu sind (angeblich) Denkprozesse erforderlich.

In diesem Zusammenhang werden im Unterschied zu Intelligenztests komplexere Aufgaben verwendet, zum Beispiel computersimulierte Problemlösungsszenarien. Die Hauptkategorien des Denkens – bewusstes, unbewusstes oder vorbewusstes Denken – sind beim Problemlösen nicht zu trennen.

Man hat erkannt: Jedem bewussten Denkprozess gehen unbewusste Denkschritte voraus. Viele Erkenntnisse „reifen" unbewusst, in einer Phase der Entspannung, wenn man sich von dem Problem distanziert hat. Etliche große wissenschaftliche Einsichten kamen den Forschern scheinbar im Schlaf oder „aus heiterem Himmel".

Logisches Denken (im Gegensatz zu abstraktem Denken) hat oft mit Wissen und mit Erfahrung zu tun. In der Entwicklungspsychologie wird unter anderem erforscht, wie Kinder lernen, kausale Zusammenhänge zu erkennen. Dieses „Kausalitätswissen" wächst vermutlich durch gegenständliches Erleben und Denken.

Das gegenständlich-kausale Denken eines Kindes ist ab etwa neun Monaten zu bemerken; ihm geht eine Phase der „Prä-Kausalität" voraus. Ähnlich scheint es mit den oben erwähnten *assoziativen* Denkvorgängen zu sein.

Mit etwa drei Jahren wird auch die abstrakte Kausalität einsichtig, doch sind Fehler im logischen Denken oft „resistent" (bleiben lange bestehen), was allerdings auch beim Erwachsenen vorkommt.

32

Wenn Kleinkinder lernen, z. B. einzelne Elemente oder Bausteine zu gruppieren, werden mit zunehmender Übung die Effekte logischer Operationen merkbar. Zunächst konzentrieren sie sich auf ein Merkmal, später auf wenige Merkmale und mit zunehmender Erfahrung nimmt auch die Zahl der Merkmale zu.

Verschiedene Versuche – unter anderem mit geistig beeinträchtigten Menschen – widersprechen aber der häufig geäußerten Annahme, dass Kinder alternative Denkweisen hätten. Wie viel des kindlichen Wissens „angeboren" ist und ob ihre begriffliche Denkstruktur exakt jener von Erwachsenen entspricht, wird derzeit intensiv untersucht.

Eines aber sollte klar sein: Der Vorgang DENKEN findet in der Gegenwart statt, beschäftigt sich immer mit der Zukunft basierend auf den Erfahrungen der Vergangenheit.

Dies lässt den Schluss zu, dass das Denken dem Menschen den Zugang zur Gegenwart verstellt und ihn damit vom gerade stattfindenden Leben trennt. In dieser Hinsicht war John Lennon (Mitbegründer der Beatles) ein Philosoph, als er sagte: „Leben ist das, was passiert, während Du fleißig dabei bist, andere Pläne zu schmieden".

Den Sinn des Lebens spüren

Weil es offensichtlich den meisten Menschen wichtig ist, den Sinn des Lebens zu verstehen, habe ich dieses Buch geschrieben. Menschen brauchen wohl Anleitungen, damit sie nicht orientierungslos durch das Leben gehen müssen.

Khalil Gibran, der blumig und auf orientalische Weise in seinen Gedichten den Menschen solche Orientierungen anbietet, beschreibt die Aufgabe des Lehrers damit, dass er die Steine auf dem Weg des Lebens beiseite räumt für die, die nach ihm kommen. (Titel: „Der Prophet" – in allen Buchhandlungen oder im Internet bestellbar)

In Rahmen meiner Vereinstätigkeit als Begleiter und Berater von Menschen in oftmals dramatischen gesundheitlichen Ausnahmesituationen verwende ich gerne die „Bildersprache", um den Betroffenen einen Zugang zu den anstehenden Themen zu schaffen.

Kennzeichnend für solche Situationen ist ja, dass diese Menschen ihr Leben „nicht mehr im Griff haben". Dies macht Angst und schürt das Gefühl, hilfloses Opfer der Geschehnisse zu sein.

Diese Menschen wollen am liebsten jederzeit die Kontrolle über ihr Leben haben, denn es fühlt sich für sie bedrohlich an, scheinbar wehrlos jeder Lebenssituation ausgeliefert zu sein. Dann erkläre ich es so:

„Wenn Sie das Leben mit einem Schachspiel vergleichen, also bildhaft vor dem Schachbrett des Lebens sitzen und Ihre nächsten Züge planen, dabei aber die Skatregeln anwenden, warum wundern Sie sich dann über die Resultate?"

Was ich damit ausdrücken will, ist die Notwendigkeit, die gestaltenden Regeln (Gesetze) des Lebens zu verstehen, wenn man sein Leben meistern will. Vereinfacht ausgedrückt: **Das Leben ist so wie es ist, weil es immer und ausschließlich ewig geltenden Gesetzmäßigkeiten folgt.**

Keine Angst, ich schweife jetzt nicht in esoterisch süßliche Erklärmodelle bezüglich der Existenz des Universums ab. Im Gegenteil, es geht um klar nachvollziehbare Funktionen des Lebens und von allem, was existiert. Auf den ersten Blick erschreckend ist oft, dass alles so einfach sein soll.

Es ist aber so, die Logik des Prinzips „Leben" ist einfach!

36

Warum ist alles so, wie es ist?

Niemand weiß sicher, was der **Ursprung** von allem ist, was existiert. Weil wir aber „Kausalisten" sind (als Kausalisten unter Verschüttung unserer natürlichen Sinne erzogen wurden), wollen wir den Grund für die Existenz alles Existierenden wissen, uns und unser Leben mit eingeschlossen, denn das Spüren der Zusammenhänge haben wir verloren.

In unserem eigenen Leben haben wir **gelernt**, Ursache und Wirkung zu beobachten. Daraus schließen wir, dass auch das Universum, die Schöpfung und jede Existenz von Leben einen Ursprung haben muss. Nichts geschieht ohne Grund, sagen wir oft.

Der menschliche Verstand braucht, um etwas beurteilen und damit verstehen zu können, eine Erfahrung. Da er aber die Erfahrung des Ursprungs unseres Universums nicht machen konnte, braucht er ein Hilfskonstrukt: Im Allgemeinen ist es eine gestaltende oder schaffende Macht. Da liegt es doch nahe, dass es einen „Schöpfer" geben muss.

Wenn ich es nicht war, muss es ein Anderer gewesen sein. Die biblische Aufforderung „Macht Euch kein Bild von mir!" muss dann ganz schnell ausgeblendet werden, sonst passt das Weltbild nicht mehr…

Genau daran sind alle mir bekannten großen Geister von der Antike bis zur Gegenwart gescheitert: Sie benutzten Ihren Verstand, um die Existenz von aller Materie – der „lebendigen" und der „toten" gleichermaßen zu erklären. Die unüberwindliche Barriere war und ist auch noch heute, dass der Verstand Probleme damit hat, die Begriffe „alles", „unendlich" und „ganzheitlich" zuzulassen.

Heute ist daraus sogar ein Marketingbegriff geworden: Ganzheitlich handelt nur der Therapeut, der Körper, Geist und Seele berücksichtigt. „Ganz" ist aber genau betrachtet eben „alles" – und dann soll „ganzheitlich" auf Körper, Geist und Seele begrenzt sein? Sonst existiert nichts? Leute, wo habt Ihr Euren Verstand?

Sie dürfen gerne spielerisch und nach Belieben eigene Worte für den Begriff **„alles"** einsetzen: allumfassend, universal, grenzenlos, unendlich…

38

Die gleichen Schwierigkeiten haben die Menschen mit dem Begriff **„immer"**. Immer heißt schlicht und einfach immer. Da gibt es kein Anfang und kein Ende. Unsere Erfahrung von Zeit und Endlichkeit macht das Verständnisproblem. Deshalb wundert es mich auch nicht, dass der Begriff **„Ewigkeit"** zur Worthülse verkommen ist. Oder was sonst meinen die Menschen, wenn sie von einer „halben Ewigkeit" sprechen?

Hilfsweise und unter Anerkennung des Verstandes, der für seine Funktionen Grenzen benötigt (weil er selbst begrenzt ist), kann folgendes Bild zur Verdeutlichung des Prinzips **„allumfassend"** dienen:

Stellen Sie sich einfach mal vor, **alles** Leben, **jede** Erscheinungsform von Materie und Energie wäre Bestandteil eines gigantischen (grenzenlosen) Eintopfes. **Alles** wäre vorhanden, um dem Eintopf eine Konsistenz und seinen Geschmack zu geben – wirklich alles, **nichts fehlt.** Nun hätten sie die Macht, ein einzelnes Karottenstückchen aus dem „Alles-Eintopf" zu entfernen. Wenn Sie danach das „Alles-Etikett" auf die Dose kleben würden, hätten Sie einen Betrug begangen. Stimmt´s?

Es grenzt schon fast an eine Beleidigung der hohen geistigen „Wissenschaften", dass man ein so simples Bild bemühen muss, um Klarheit für das Verstehen dieser einfachen Zusammenhänge zu erzielen.

Aber ist vielleicht gerade die hohe Spezialisierung und detailhafte Beschreibung der Einzelheiten kennzeichnend für die Existenzberechtigung von Wissenschaftlern? Was davon ist Zweck und was ist reiner Selbstzweck?

Spezialisten degradieren die Angehörigen einer anderen „Kaste" bedenkenlos zu Laien. Nur mit dem Ausweis „Ich bin Spezialist" ist man angeblich berechtigt, in seinem Fachgebiet „Wissen" zu verbreiten und gleichzeitig den Anspruch auf Unfehlbarkeit zu erheben. Zur Erinnerung: Vor nicht allzu langer Zeit haben Wissenschaftler noch mehrheitlich behauptet, die Erde sei eine Scheibe!

Jedenfalls entstehen durch die Zurechnung des „Wissensmonopols" an eine Menschengruppe jede Menge Abhängigkeiten und der Ausnutzung des Vorteils, als Spezialist zu gelten, sind Tür und Tor geöffnet.

40

Die Natur kennt keine Emotionen

Wenn es „menschliche Systeme" kennzeichnet, Gefühle und Empfindungen zu haben, dann muss man anerkennen, dass eben dies auf das Jetzt-Leben, das biologische Dasein begrenzt ist. Niemand käme auf die absurde Idee, der Sonne oder anderen Planeten Gefühle zuzuschreiben.

Andererseits: Kommen wir mit dem Begriff „Natur" aus, wenn wir die Grundsätze der Funktionen des Lebens, seinen Wert, seinen Sinn und Zweck verstehen wollen? Wohl nicht...

Das Leben zu verstehen bedingt aber, die Existenz von ALLEM anzuerkennen, weil die Funktion eines Teiles erst mit der Sicht auf das GANZE klar werden kann. Und das Leben – Ihres und meines – ist nun mal ein Teil des Ganzen. Für das Ganze benutzen wir Begriffe wie Universum, Schöpfung, Äther oder eben einfach Natur.

Diese wörtliche Unterscheidung scheint der Grund zu sein, dass die Grundregeln des Universums, auf den Teilaspekt Mensch bezogen, als „Naturgesetze" bezeichnet werden.

Dass wir Kompliziertes nicht verstehen, finden wir normal. Tragisch ist jedoch, dass wir durch unsere Erziehung das Einfache auf den ersten Blick ebenfalls nicht verstehen. Und wenn wir es zu verstehen meinen, dann halten wir es für unmöglich, dass alles so einfach sein soll: „Wenn das so wäre, dann würde es ja jeder wissen und tun..."

Dabei ist das EINFACHE zu verstehen der einzige Weg zum Begreifen der Wirklichkeit. Wahrheiten gibt es viele. Jeder Mensch hat wohl seine eigene Wahrheit, aber die subjektiv empfundene Wahrheit ist lediglich die persönliche Interpretation (Auslegung) der Wirklichkeit.

Die Wirklichkeit ist immer einfach, weil alles aus einer Quelle stammt. In der Physik nennt man sie den Äther. Das Universum soll mit einem Urknall gestartet sein. Das war schon immer nicht logisch, ist aber ein weiteres Indiz dafür, wie sich Menschen Ihre Wahrheiten zurechtbasteln. Denn die These vom Urknall als Entstehung unseres Universums gilt seit Anfang 2015 als offiziell widerlegt.

Die Annahme von Anfang und Ende einer Sache (hier das Universum) ist eine menschliche Fantasie, der das Wissen von der Unendlichkeit entgegensteht.

42

Sie sehen: Jeder Schritt weg von der Einfachheit macht die Dinge automatisch komplexer und komplizierter. Damit entsteht Unschärfe im Erkennen der tatsächlichen Wirklichkeit. Je mehr Fakten oder Teilaspekte einer Sache zu bedenken sind, umso schwerer wird es für den Verstand, zu einer klaren Sicht zu kommen, Durchblick zu erlangen.

Dies wird besonders deutlich, wenn Sie statt mit Teilaspekten mit Bällen jonglieren wollten. Tausend Bälle überfordern jeden Menschen, aber mit fünf oder sechs Bällen zu jonglieren kann man lernen. Viel mehr Teilaspekte hat die Wirklichkeit auch nicht, man nennt sie Naturgesetze.

Die Überschrift dieses Kapitels lautet: Die Natur kennt keine Emotion. In der Wirklichkeit ist kein Platz für Gut und Böse, für richtig und falsch. Die Wirklichkeit ist ohne Bewertung und besteht nicht aus entweder – oder. Die Schöpfung / das Prinzip des Systems ist ALLES, rufen Sie sich dies immer wieder in Erinnerung.

Alles ist Energie in ihren verschiedenen Erscheinungsformen. Damit Energie jedoch Arbeit verrichten kann, muss stetige Umverteilung stattfinden. Dies ist ein weiteres Naturgesetz. In der Physik kennt man dies als das Gesetz der Thermodynamik. Nach dem Energieerhaltungssatz bleibt in unserem System die Summe aller Energieformen (thermische Energie, chemische Energie, Federspannung, Magnetisierung usw.) konstant.

Der Lehrsatz lautet: Energie kann nicht erzeugt werden, ist zwar wandelbar, aber nicht zerstörbar. Damit Energie sich jedoch in eine andere Erscheinungsform wandelt, sind zwei gegensätzliche Pole (Reize) nötig. Beim Strom kennt man dies als den Plus- und Minuspol.

Hier sind wir bei einem weiteren Grundsatz des Systems: Energiewandlung ist das Kennzeichen von Leben. Alles Lebendige wandelt sich stets, was statisch ist, nehmen wir nicht mehr als Leben wahr. Energiewandlung erleben wir als Bewegung, tatsächlich ist es Transformation.

Asymmetrie ist also die Voraussetzung für Bewegung und damit für Wärme, Leben, Materie und Raum. Die Existenz von Plus und Minus ist die Folge jeder Asymmetrie. Alles pulsiert, um Asymmetrien zu erneuern.

Das Negative, der relative Mangel, die relative Leere sind damit also lebensnotwendig. Nur Mangel bewegt – bei den

44

Menschen oder Tieren ist es beispielsweise der Hunger, der Durst oder auch das Verlangen nach Sicherheit.

Damit wären wir bei einem Kennzeichen der menschlichen Psyche. Wie alles Existierende hat auch die Psyche einen Plus- und Minuspol – und auch hier gilt: Nur der gespürte Mangel bewegt den Menschen, beispielsweise seine Sehnsucht, seine Bedürfnisse etc. Der Mensch braucht für Bewegung (Kennzeichen von „lebendig" sein) ein Motiv, einen Grund. Und das einzige Motiv, das wirklich bewegt, ist das Spüren eines Mangels, einer Sehnsucht.

Fassen wir also nochmal zusammen: Die energetische Bedingung für Leben im System ist die Wandlung, der Fluss. Er entsteht zwischen zwei Polen, die in Asymmetrie und damit in gegensätzlichen Ladungszuständen sind.

Wie wir aus den Betrachtungen der vorherigen Kapiteln wissen, hat der Mensch zu allen Zeiten ein Streben nach Vollendung, nach dem Erreichen des Ziels angestrebt und die „großen Geister" haben dies als Sinn des menschlichen Daseins definiert – und damit Sinn und Bedingung für das Leben verwechselt.

Die menschliche Emotion

Emotion bezeichnet (laut Wikipedia) eine Gemüts-bewegung im Sinne eines Affektes. Der Affekt ist eine besondere Qualität des Fühlens, der damit dem Leib-Seele-Problem Ausdruck verleiht. Sie ist ein psycho-physio-logisches, auch psychisches Phänomen, das durch die bewusste oder unbewusste Wahrnehmung eines Ereignisses oder einer Situation ausgelöst wird. Das Wahrnehmen geht immer einher mit physiologischen (körperlichen) Veränderungen, spezifischen Kognitionen, subjektivem Gefühlserleben und reaktivem Sozialverhalten.

Die Emotion oder der Affekt ist vom Fühlen oder dem Gefühl zu unterscheiden. So erfassen die Begriffe des Fühlens oder des Gefühls die unterschiedlichsten psychischen Erfahrungen und Reaktionen, die sich klar beschreiben und damit auch versprachlichen lassen, wie u. a. Angst, Ärger, Komik, Ironie sowie Mitleid, Eifersucht, Furcht, Freude und Liebe. Physiologische Reaktionen auf Emotionen sind auch mit Messungen neurophysiologischer Parameter nachzuweisen. Es wurden jedoch keine Muster physiologischer Reaktionen gefunden, die eine eindeutige Diagnose einer Emotion erlauben würden.

Emotionalität und das Adjektiv emotional sind also Sammelbegriffe für individuelle Eigenarten des Gefühlslebens, der Affektsteuerung und des Umgangs mit einer Gemütsbewegung.

Soweit Wikipedia, **man kann es auch einfacher sagen...**

Mit dem menschlichen Verstand kennen wir die Logik. Aber das Gefühl entzieht sich oft jeglicher Logik. Kennen Sie den Begriff: „Handeln wider besseren Wissens"?

Was steuert also den Menschen wirklich, was setzt ihn in Bewegung, die doch immer Bedingung für die Veränderung (und damit Prinzip des Lebens) ist? Es ist immer das Gefühl, mit dem wir uns nicht wohl (heil) fühlen.

Sobald ein Mensch wahrnehmen kann - das ist bereits einige Monate vor seiner Geburt (wenn sich die Sinnesorgane anfangen zu bilden) - bewertet er das Gefühlte. Er teilt ein in *gut* und *nicht gut*. Das bleibt ein Leben lang so.

Mit der Geburt „erblickt er das Licht der Welt" und lernt, sich und seine Umwelt (zutreffender müsste es Mitwelt heißen) kennen und begreifen. Er spürt an den Reaktionen der Anderen, dass es „Spielregeln" gibt. Er spürt den ersten Mangel, der befriedigt sein will. Die Anstrengungen zur Befriedigung seiner Sehnsucht werden abgespeichert und in einer vergleichbaren nächsten Situation abgerufen.

Diesen kognitiven Vorgang nennen wir Konditionierung. In der Bildersprache des Computerzeitalters wird auch der Begriff „Programmierung" benutzt. Früher hat man in der Beschreibung des Wesens eines Menschen oft gesagt: „So oder so ist er gestrickt". Große Teile der menschlichen Konditionierung sind im Unterbewusstsein abgelegt.

Jede aktuelle Emotion eines Lebewesens besteht also aus seiner Einschätzung von Ereignissen, die sich in seiner Wahrnehmung befinden. Eine bedeutende Rolle spielt dabei die Erinnerung zu den früheren emotionalen Erfahrungen.

„Kenne ich das schon?" – Habe ich das schon einmal erlebt?" – „Wie habe ich das früher erlebt, was habe ich für Gefühle damit erfahren?" – Muss ich reagieren?"

So ähnlich, allerdings viel komplexer und in rasender Geschwindigkeit läuft es ab, wenn das Lebewesen einem Reiz ausgesetzt ist. Das gesamte biologische System stellt, lange bevor wir es bewusst wahrnehmen, alle Funktionen bereit, um die Situation meistern zu können.

Aus der aktuellen Forschung (Neuro-Immunologie oder Neuro-Endokrinologie) wissen wir: Abhängig von dem Ergebnis der subjektiven Bewertung reagiert das Subjekt mit der Ausschüttung bestimmter Neurotransmitter und Hormone und verändert damit seinen physiologischen Zustand. Dieser veränderte Zustand entspricht dem Erleben einer Emotion. Praktischerweise geschieht das unbewusst aus dem Energieerhaltungssatz der Physik heraus: Das Leben im Ganzen wie auch im Individuum optimiert sich ständig.

Zum Glück organisiert sich das lebendige System ohne das bewusste Zutun des Menschen. Seien Sie dankbar dafür, dass Sie nicht zwanzig Mal in der Minute Ihrer Lunge sagen müssen: „atme" – und dass Sie nicht sechzig Mal pro Minute Ihr Herz zum Schlagen auffordern müssen. Sie hätten sonst viel zu tun…

Der freie Wille

Mit der seit einigen Jahren verfügbaren Technik der MRT-Geräte (Magnet-Resonanz-Tomographen) gelingt es, dem Menschen bei seinen Gehirntätigkeiten zuzusehen. Das ist für den menschlichen Forschergeist spannend und zugleich in den Erkenntnissen daraus oft beunruhigend.

Eine seit Menschengedenken feststehende Annahme, dass der Mensch nämlich einen freien Willen habe und jederzeit etwas entscheiden kann, steht derzeit zur Disposition.

Genau das zeigte jetzt eine aktuelle Studie von Wissenschaftlern des Max-Planck-Instituts für Kognitions- und Neurowissenschaften in Leipzig. Eine Forschergruppe hat mithilfe der Kernspintomographie (MRT) die Gehirnaktivitäten untersucht, die einer bewussten Entscheidung vorausgehen.

Bei dem Experiment sollten sich 14 Testpersonen frei entscheiden, einen Knopf mit der linken Hand oder einen anderen Knopf mit der rechten Hand zu drücken. Dabei war es ihnen überlassen, wie lange sie sich mit der Entscheidung Zeit ließen. Während der Entscheidungsfindung spielten die Wissenschaftler eine Buchstabenfolge vor den Augen der Probanden ab. Auf diese Weise konnten sie angeben, wann, also bei welchem Buchstaben die Testpersonen ihre Wahl trafen. Mithilfe des Kernspintomographen beobachteten die Forscher gleichzeitig, wie viel Sauerstoff einzelne Bereiche des Gehirns verbrauchten. Denn dort, wo das Gehirn aktiv ist, steigt auch der Sauerstoffverbrauch. Anschließend erstellten die Wissenschaftler mittels einer Software aus diesen Daten räumliche Aktivierungsmuster im Gehirn, die Rückschlüsse auf die spätere Handlung lieferten.

Das Ergebnis war verblüffend: Im Durchschnitt berichteten die Studienteilnehmer, dass sie die Entscheidung, welche Hand sie benutzten und welchen Knopf sie betätigten, innerhalb einer Sekunde vor dem Drücken gefällt hätten. Doch schon mindestens sieben Sekunden vor der bewussten Entscheidung konnten die Wissenschaftler vorhersagen, mit welcher Hand der Proband den Knopf drücken würde. Wie die Entscheidung ausfallen würde, schlossen die Forscher aus der Aktivität im frontopolaren Cortex - einer Region im vorderen Hirnbereich - und etwas zeitversetzt auch in einer Region im Scheitellappen. "Es scheint, als würde die unbewusste Entscheidung im Gehirn vorbereitet und dann eine Zeit lang dort vor sich hinschlummern, bevor sie den Weg ins Bewusstsein findet", sagte der Forschungsleiter.

Was ist dann mit dem freien Willen? Sind wir Marionetten unseres chemisch-physikalischen Hirnstoffwechsels? Kann man von einem freien Willen sprechen, wenn die Absicht, etwas zu tun, im Gehirn schon feststeht, bevor wir bewusst eine Entscheidung treffen? Diese Fragen werden von Wissenschaftlern derzeit heftig diskutiert. Wie immer verteidigen die unterschiedlichen Fraktionen ihre „Dogmen", auf denen sie ihre bisherigen Erkenntnisse begründet haben.

Auch wenn die Neuro-Wissenschaftler nicht jedesmal mit absoluter Sicherheit voraussagen konnten, welche Wahl die Testpersonen treffen würden, so lag die Trefferquote mit 60 Prozent deutlich über dem Zufall. Für die Wissenschaftler ist das ein Hinweis darauf, dass sich die Entscheidung zwar schon zu einem gewissen Grad unbewusst anbahnte, aber noch nicht endgültig gefallen war. Nach der Einleitung des Entscheidungsprozesses werden die Informationen über Art und Handlungszeitpunkt der Tätigkeit dann in andere Hirnbereiche übermittelt.

Einen endgültigen Beweis gegen die Existenz eines freien Willens sehen die Forscher darin nicht. "Nach unseren Erkenntnissen werden Entscheidungen im Gehirn zwar unbewusst vorbereitet. Wir wissen aber noch nicht, wo sie endgültig getroffen werden. Vor allem wissen wir noch nicht, ob man sich entgegen einer angebahnten Entscheidung des Gehirns auch anders entscheiden kann", sagen sie. Wenn das Gehirn allerdings fast zehn Sekunden lang die Vorbereitungen für eine Entscheidung trifft, bleibt nicht mehr viel Spielraum für den freien Willen. „Er persönlich halte den freien Willen daher eher für unplausibel", so erklärte der Forschungsleiter.

Allerdings ließen sich Gehirn und Wille letztlich nicht voneinander trennen: Das Gehirn werde durch frühe Wünsche und Vorstellungen geformt. Selbst wenn diese Prozesse unbewusst vorbereitet werden, ist die letztendliche Entscheidung für jeden Menschen einzigartig.

54

Zweifel am freien Willen gibt es schon länger.

Wollen wir, was wir tun oder tun wir, was wir wollen? Skepsis gegenüber dem freien Willen existiert seit geraumer Zeit. Inzwischen mehren sich aber auch wissenschaftliche Befunde, die den Glauben an den freien Willen ins Wanken bringen. Sie kommen aus den Labors der Hirnforschung.

Schon vor mehr als 20 Jahren startete der Neuropsychologe Benjamin Libet von der Universität von Kalifornien in San Diego eine Serie von Experimenten, die die herkömmliche Vorstellung von Wille und Handlung auf den Kopf stellten. Libet maß in einem ähnlichen Versuch wie die Leipziger Forschergruppe ein Gehirnsignal - das sogenannte "Bereitschaftspotential" - welches einer bewussten Entscheidung um einige hundert Millisekunden vorausging.

Libets Experimente lösten anschließend eine heftige Debatte um die Willensfreiheit aus. Intuitiv geht der Mensch davon aus, dass er, bevor er handelt, sich bewusst entscheidet, damit also eine Wahl nach seinen Wünschen und Vorstellungen trifft. Wenn nun aber Entscheidungsprozesse unbewusst ablaufen, wäre der freie Wille eine Illusion - das Gehirn würde entscheiden.

Was für Naturwissenschaftler eine Sensation ist, können wir mit dem „gesunden Menschenverstand" ganz einfach begreifen. Bildgebende Verfahren (so nennt man diese Technik) erfassen nur die elektrische/chemische Struktur, nicht aber die emotionale Struktur des Gehirns.

Das Wesen des Individuums ist die Summe seiner emotionalen Erfahrungen und damit seiner individuellen Konditionierung. MRT-Geräte (umgangssprachlich „die Röhre" genannt) geben Aufschluss über die Hirnaktivität, sagen aber nichts über die unbewusste Bereitschaft aus, in einer Situation so oder anders zu handeln.

Als Fazit kann man also sagen, dass für eine Entscheidung des Willens nichts anderes maßgeblich ist als das Gefühl. Kant hat dazu gesagt: „Du kannst, weil Du willst, was Du musst!" Aus den oben geschilderten wissenschaftlichen Beobachtungen lässt sich genauso gut sagen: „Du willst, weil Du nicht anders kannst!" Das Prinzip des Lebens ist es, dass jedes Lebewesen jederzeit und ausschließlich nach seinem stärksten (wenn auch unbewussten) Bauch-Gefühl handelt – und der Verstand wehrt sich vehement dagegen (muss sich wehren), dies anzuerkennen.

Der Filter

Bis hierhin haben wir schon einige logische Fakten zum **Zweck des Lebens** gesammelt, aber die Frage nach dem ganz großen WARUM ist letztlich immer noch nicht beantwortet. Lassen Sie uns also weiter auf die Suche danach gehen.

Wenn Sie, respektive Ihr „Biocomputer" in jedem Moment Ihres Lebens auf alle im Universum gesamtheitlich vorhandenen Informationen zurückgreifen müssten, wäre Ihr biologisches System komplett überfordert. Es muss also eine Selektion erfolgen – man nennt sie Relevanz.

Nur was relevant für die momentane Lebenssituation ist und was eine emotionale Erfahrung anspricht, spielt bei der „Auswahl" der handlungsbestimmenden Gefühlen eine Rolle. Bei der meist unbewusst ablaufenden Selektion ist es die Resonanz, die wir beobachten können.

„Gleich und gleich gesellt sich gern – aber Gegensätze ziehen sich an!". Mit dem Verständnis dieser Aussage löst sich dieser scheinbare Widerspruch schnell auf.

Wenn sich Gleich und Gleich gesellen, haben die beiden Reaktionspartner ein gleiches Thema. Da jedoch nur der Mangel (die relative Leere) Bewegung erzeugt, müssen es gegensätzliche „Ladungszustände" sein, die anziehend wirken. Zur Verdeutlichung mögen folgende Beispiele beitragen:

Erst wenn Sie sich einen grünen VW Golf wünschen, nehmen Sie wahr, wie viele solcher Autos bereits in Ihrem Umfeld, in Ihrer Stadt schon unterwegs sind. Bei Frauen mit einem Kinderwunsch registrierten diese plötzlich, dass sie vielen schwangeren Frauen begegnen oder Eltern sehen, die stolz einen Kinderwagen vor sich herschieben.

Es muss also Resonanz zum Thema geben. Die „Fülle" (da ist das vorhanden, wonach ich mich sehne) ist im Resonanzgesetz der Sender – die „Leere" ist im gleichen Gesetz der Empfänger. Mindestens zwei Individuen sind auf die gleiche „Frequenz" eingestellt. Beim Radio- und Fernsehgerät ist es nicht anders. Was keine Emotion macht, wird nicht bewusst wahrgenommen und damit ausgeblendet. Dazu biete ich Ihnen ein Verständnisbild an:

Stellen Sie sich einfach vor, Sie würden in einer mittelalterlichen Burg auf dem Turm stehen. Mit einem Rundumblick wäre es möglich, in jede beliebige Richtung zu schauen, Sie müssten sich dazu nur langsam umdrehen. Anders wird die Situation, wenn der Turm eine hohe Brüstung hat, in den eine Anzahl von Schießscharten eingelassen sind.

Solange Sie zu dem, was durch die einzelne Sichtluke zu sehen ist, keinen Bezug haben, ist jeder Blick „zufällig". Wenn Sie dieses Bild aber auf die Selektionsvorgänge in Ihrem Leben übertragen, wird schnell klar, dass Sie nur durch jene Schießscharten blicken werden, die sie mit der möglichen Aussicht als relevant für Ihre Suche einschätzen.

Dabei vergessen Sie aber komplett, dass es bei einer grenzenlosen Anzahl von Schießscharten möglich wäre, alles, wirklich alles anzusehen. Sie tun es nicht, weil es Ihrer Einschätzung nach reine Zeitverschwendung wäre. Es interessiert Sie nur, wozu Sie einen Bezug haben. Genau dies ist das Kennzeichen des Resonanzgesetzes, sein eigentlicher Zweck.

Spannend ist in diesem Zusammenhang, dass die meisten

Menschen aus purer Gewohnheit immer durch die gleichen Schießscharten blicken. Sie wollen Klarheit, aber keinen Perspektivwechsel. Und sie tun dies, weil sie es schon immer so getan haben.

Neue Sichtweisen und die Erkenntnisse daraus könnten ja Angst auslösen. Neues ist erst mal nicht vertraut, muss erst untersucht und bewertet werden. Trotzdem Menschen den Spruch zitieren: „Der Kopf ist rund, damit man seine Denkrichtung ändern kann", ändern sie nur ungern ihre Perspektive.

Damit tun die Menschen in der Anstrengung, ein Problem zu lösen, lieber mehr vom Falschen als Neues zu probieren. Die Indianer hatten dafür den Begriff: „Er versucht, ein totes Pferd zu reiten". Einstein schreibt man den Satz zu: „Ein Problem kann niemals auf der gleichen Ebene gelöst werden, auf der es entstanden ist". Und allzu oft erwarten die Menschen von den Institutionen, bei denen sie Hilfe suchen (Ärzte, Psychologen usw.), genau das Gleiche: „Wasch mir den Pelz, aber mach mich nicht nass!"

Symptome „wegmachen" ist eben leichter als Veränderung.

60

Der Irrtum als Bedingung

„Man muss das Wahre immer wiederholen, weil auch der Irrtum um uns her immer wieder gepredigt wird und zwar nicht von einzelnen, sondern von der Masse, in Zeitungen und Enzyklopädien, auf Schulen und Universitäten. Überall ist der Irrtum obenauf, und es ist ihm wohl und behaglich im Gefühl der Majorität, die auf seiner Seite ist".

Diese Aufforderung stammt von Johann Wolfgang von Goethe (1749 bis 1832), deutscher Dichter, Naturwissenschaftler und Staatsmann.

Verschwörungstheoretiker sind der festen Überzeugung, dass überall Lug und Betrug lauert. Auch wenn es immer wieder gelingt, die eine oder andere Täuschung oder Manipulation der Mehrheit der Menschen nachzuweisen, beschreibt dies nicht den wahren Charakter derjenigen, die Fakten verdrehen und Unwahrheiten verbreiten.

Es gilt anzuerkennen, dass es im Wesen der menschlichen Psyche liegt, zu lügen. Lügen dienen dazu, einen Vorteil zu erlangen, zum Beispiel um einen Fehler oder eine verbotene Handlung zu verdecken und so der Kritik oder

Strafe zu entgehen. Gelogen wird auch aus Höflichkeit, aus Scham, aus Angst, Unsicherheit oder Not („Notlüge"), um die Pläne des Gegenübers zu vereiteln oder zum Schutz der eigenen Person, anderer Personen oder Interessen (z. B. Privatsphäre, Intimsphäre, wirtschaftliche Interessen), zwanghaft/pathologisch oder einfach nur zum Spaß.

Wenn man hinter das Motiv des Lügners kommen will, dann sollte man sich erinnern, dass der Mensch jederzeit und ausschließlich von seinem tiefsten Gefühl gesteuert wird. Als Grund für die Lüge muss es also beim Lügner einen gespürten Mangel geben. Finden Sie in diesem Sinne selbst heraus, was der Grund für den ehemaligen US-Präsidenten Bill Clinton war, als er sagte: „I did not have sexual relations with that woman, Miss Lewinsky".

Wenn Lügen sprichwörtlich „kurze Beine" haben, so hat der Irrtum lange Beine. Der **Irrtum** bezeichnet im engeren Sinne eine falsche Annahme, Behauptung, Meinung oder einen falschen Glauben, wobei der Irrende jeweils von der Wahrheit seiner Aussage(n) absolut überzeugt ist.

Im Gegensatz zu einer Lüge, bei der die Wahrheit bewusst verfälscht worden ist, entsteht ein Irrtum unabsichtlich aus

62

falschen Informationen oder Schlüssen. Im weiteren Sinne wird der Begriff des Irrtums auch auf nichtsprachliche Handlungen angewandt, insofern sie aus einer als wahr angenommenen falschen Behauptung, Meinung oder einem falschen Glauben resultieren.

Der Irrtum hält sich lange. Selbst Goethe irrte, als er die Wahrheit als Gegenspieler des Irrtums ansah. Ein Irrtum kann sich immer nur bezüglich des Verständnisses von der **Realität** ergeben. Wahrheiten sind nur die Interpretationen davon.

Sprachliche Präzision erspart uns auch hier eine Menge Umwege. Wir wollen ja die „Spielregeln" des Prinzips / der Schöpfung / des Universums begreifen. Um den Zweck des Lebens zu verstehen, **muss** in erster Linie das Wesen der Psyche verstanden werden. Da im gesamten Universum die Hermetischen Gesetze gelten, treffen diese auch für die Struktur der menschlichen Psyche zu.

Der Irrtum besteht darin, dass eben der Irrtum keine endgültige Antwort ist und die Entlarvung eines Irrtums Ent-täuschung hervorruft, was wiederum Antrieb für eine neue Suche ist.

Der Irrtum des Hermes Trismegistos

Bis in die Neuzeit hatte man geglaubt, der Mensch Hermes Trismegistos habe tatsächlich gelebt. Immerhin sind die „hermetischen Schriften" nach ihm benannt. Die kosmischen Gesetzmäßigkeiten (auch hermetische Gesetze genannt) beschreiben, wie **die Welt der Dualität** funktioniert. Während physikalische Gesetze durch Bewusstsein oder Technik überwunden werden können, sollen die kosmischen Gesetze für jeden uneingeschränkt gelten, ganz gleich ob man sie kennt oder nicht. Eigentlich handelt es sich um ein einziges, kosmisches Prinzip, nachdem alle erdenklichen Abläufe geregelt sind, so meinen die Interpreten der hermetischen Schriften.

Und schon ist der fundamentale Irrtum derer entlarvt, die diese Gesetze einmal aufgeschrieben haben. Es ist eine menschliche Interpretation dessen, was die Teil- und Funktionsaspekte des Alls (daher kommt das Wort „alles") ausmachen.

Schauen wir uns die „Hermetischen Gesetze und deren Auslegung also einmal näher an:

Das <u>Erste Hermetische Gesetz</u> heißt: **Alles ist Geist. Die Quelle des Lebens ist ein unendlicher Schöpfergeist.**

Wenn aber **Alles** schon **immer** existiert, dann kann es keinen „Erschaffer" und keine Quelle geben.

Das <u>Zweite Hermetische Gesetz</u> heißt: **Jede Ursache hat eine Wirkung - Jede Wirkung hat eine Ursache. Jede Aktion erzeugt eine bestimmte Energie, die mit gleicher Intensität zum Ausgangspunkt / zum Erzeuger zurückkehrt.** Wenn es aber im Prinzip „Universum" keinen Anfang und kein Ende gibt, kann es beschreibend für das Ganze auch keine *Ur*-sache geben, die Aussage des Gesetzes kann sich also nur auf Teilaspekte des Prinzips beziehen. Und weiter: Energie kann nicht erzeugt werden, Erscheinungsformen von energetischen Zuständen sind lediglich Wahrnehmungsformen von ein und demselben.

Das <u>Dritte Hermetische Gesetz</u> heißt: **Wie oben - so unten, wie unten - so oben. Wie innen - so außen, wie außen - so innen. Wie im Großen - so im Kleinen.** Dieses Gesetz ist existent und beschreibt präzise, dass Alles das gleiche ist.

Große Teile dieser Realitätsbeschreibung sind mit den heutigen wissenschaftlichen Möglichkeiten nachzuweisen. Allerdings scheitert der menschliche Geist wohl an der Anerkennung der universellen Bedeutung, denn er bemisst das Leben nach den Bedingungen, die das Wesen des menschlichen Geistes ausmacht.

Das Vierte Hermetische Gesetz heißt: **Gleiches zieht Gleiches an und wird durch Gleiches verstärkt. Ungleiches stößt einander ab.** Es ist eine duale Welt, die wir tagtäglich erleben. Der Fluss des Lebens, die stetig in Wirbeln fließende Energie, alles braucht Pole mit gegensätzlichen Ladungszuständen.

Dies ist das Kennzeichen von Leben. Ob dieses Gesetz den Zustand des gesamten Universums beschreibt, (es scheinen sogar unendlich viele davon zu bestehen) kann wohl mit menschlicher Logik nicht präzise nachvollzogen werden.

Das Fünfte Hermetische Gesetz heißt: **Der Fluss allen Lebens heißt Harmonie. Alles strebt zur Harmonie, zum Ausgleich. Das Stärkere bestimmt das Schwächere und gleicht es sich an.**

66

Der Bruch mit dieser Aussage beginnt damit, dass ein ewiges Streben nach Harmonie zwar existiert, aber sich nicht endgültig erfüllen kann und darf. Asymmetrie bewegt die Energie, die in ihrer Gesamtheit immer und ewig vorhanden ist und dem Begriff **Alles** zufolge nicht vermehrbar ist. Entweder gelingt es <u>niemals</u>, einen Ausgleich von Ladungszuständen zu erreichen (dann wäre auch das Leben in sich sinnlos), oder der Ausgleich muss, wenn er erfolgt, sofort wieder zerfallen. Letzteres ist Realität. Alles pulst…

Das <u>Sechste Hermetische Gesetz</u> heißt: **Alles fließt hinein und wieder hinaus. Alles besitzt seine Gezeiten. Alles steigt und fällt. Alles ist Schwingung.** Hinein und hinaus setzt einen Ort voraus, der begrenzt ist. Der erste Teil dieses Gesetzes ist also Unsinn, während der letzte Satz die Erkenntnis der Realität beschreibt.

Das <u>Siebte Hermetische Gesetz</u> heißt: **Alles besitzt Pole. Alles besitzt ein Paar von Gegensätzen. Gleich und Ungleich ist dasselbe.** Das Prinzip der Polarität ist real für die Funktionsweise des Lebendigen. Und Pole sind gegensätzlich, sonst würde einerseits keine relative Fülle und andererseits keine relative Leere existieren. Gleich und ungleich sind aber nur insofern dasselbe, dass sie im gleichen Frequenzbereich (Thema) angesiedelt sind. In der Auslegung der Gesetze wird auch auf die Sexualität (die bedeutendste und gewaltigste bekannte Energieform) Bezug genommen.

Geschlechtlichkeit manifestiert sich auf allen Ebenen. Alles besitzt männliche und weibliche Elemente und ist damit männlich und weiblich zugleich. Geschlechtlichkeit drängt zur Einheit - Geschlechtlichkeit **ist** Einheit, denn Einheit enthält das männliche und das weibliche Prinzip. Nicht umsonst heißt der Geschlechtsakt „Vereinigung".

Damit kommen wir zur Liebe in ihrer geschlechtlichen Form.

Die Liebe

Für die meisten Menschen beschreibt das Wort Liebe in erster Linie das Gefühl, weswegen sie den Geschlechtsakt vollziehen. „Liebe machen" ist ein Ausdruck für die körperliche Vereinigung üblicherweise von Mann und Frau.

Da ist einerseits von Romantik, von Verliebtheit und von Schmetterlingen im Bauch die Rede, andererseits von der Vergänglichkeit der Liebe und davon, wie die Liebe in Hass und Verachtung umschlagen kann.

Die Unschärfe, der unpräzise Umgang mit der Sprache führt letztlich sogar dazu, dass Menschen Gegenstände oder Situationen glauben zu lieben. Das Wort Liebe im deutschen Sprachgebrauch ist im Mittelhochdeutschen zum ersten Mal verwendet worden und bedeutete damals Gutes, Angenehmes, Wertes – die Indogermanischen Sprachwurzeln bedeuteten „gern haben / begehren".

So haben wir es im Verlauf dieses Buches definiert: Eine Sache, einen Zustand zu begehren setzt eine Sehnsucht danach voraus. In der geschlechtlichen Liebe zwischen Menschen ist es nicht anders, wie jeder nachvollziehen kann. Sexuelle Energie, auch Sinneslust genannt, ist der am tiefsten im Menschen verwurzelte Instinkt. Die sexuelle Energie fesselt den ganzen Menschen, seinen Verstand, seine Sinne und seinen Körper. Der stärkste Wunsch im Menschen ist der Wunsch nach sexuellen Kontakten. Der grundlegendste Wunsch des Menschen ist der Wunsch nach einem sexuellen Partner oder nach einer Partnerin.

Das gesamte menschliche Leben richtet sich nach diesem zentralen Wunsch aus. Das Streben nach Anerkennung, Macht und Geld kommt erst in zweiter Linie. Auch wenn es fast niemand glauben kann, wenn die zentrale Sehnsucht nach körperlicher Liebe nicht befriedigt wird, treten an deren Stelle die bekannten „Ersatzbefriedigungen".

Was aber die Menschen nicht (mehr) wissen, ist, dass nur die Liebe wirklichen inneren Frieden bringt. Von Alters her verwechseln die Menschen Frieden und Befriedigung. Denn der wahre ZWECK der Liebe als die zentrale Daseinsform der Energie ist die **„Befriedung"**. Was ist bloß los in unserer Welt? Warum klappt es in den allermeisten Beziehungen weder mit der körperlichen noch mit der seelischen Liebe?

70

Die größte Leidenschaft des Menschen ist seine Sehnsucht nach seelischer und körperlicher Liebe. Und wo eine Sehnsucht nicht befriedigt ist, da entsteht Leiden. Die Evolutionstheorie besagt, dass die Sexualität im Grunde nur der Fortpflanzung dient. Wie wir gleich sehen werden, ist auch dies ein Irrtum.

Wieder einmal bemühe ich Wikipedia. Dort steht:

Beim Menschen wie auch bei anderen Primaten ist die Sexualität im Gegensatz zu vielen anderen Tieren kein reines Instinktverhalten, sondern unterliegt den bewussten Entscheidungsprozessen (Sie und ich wissen es besser) und sie ist in die jeweiligen sozialen Organisationsformen eingebettet. Menschen drücken ihre sexuelle Anziehung zum Anderen durch unterschiedliche Formen und Aspekte aus: Zärtlichkeiten, Worte, verschiedene sexuelle Praktiken, oft durch besitzergreifendes Verhalten. Die Sexualität des Menschen beeinflusst seine Psyche, seine persönliche Entwicklung, die Formen seines Zusammenlebens sowie – auch beeinflusst von der Sexualmoral – die gesamte Sozialstruktur, also die Kultur und Gesellschaft, in der er lebt. Da zwischen der Sexualität des Mannes und der

71

Sexualität der Frau teils erhebliche Unterschiede bestehen, führt diese Diskrepanz bei der Heterosexualität zu mannigfaltigen Schwierigkeiten in der Abstimmung zwischen den Geschlechtern. Folgen mangelnder Anpassung auf beiden Seiten können sich auch in sexuellen Funktionsstörungen bei Frau und Mann niederschlagen. (Ende des Zitats)

Die Sexualität des Menschen beeinflusst seine Psyche? Nein, die Art und Weise, wie der Mensch seine Sexualität auslebt, ist der Spiegel seiner Konditionierungen. Das größte Drama ist es, dass Menschen seit Jahrhunderten vergessen haben und damit nicht mehr erfahren, wie man einander liebt und dabei in den Frieden kommt.

Woher sonst kommt die jederzeit zu beobachtende Tatsache, dass Sex überall präsent ist und gleichzeitig mehrheitlich Flaute in den Ehebetten herrscht? Liebe, insbesondere die körperliche Liebe wie sie sein sollte, wird seit langer Zeit mit Erotik verwechselt. Der wahre Zweck der Liebe ist nicht mehr bekannt, mit deutlichen Folgen.

Wollen wir uns doch einmal ansehen, wie die körperliche Liebe in der Regel abläuft:

72

Wenn auf beiden Seiten noch das Begehren da ist, gibt es nur wenige Probleme. Die gegenseitige Lust aufeinander führt zum Geschlechtsverkehr. Auch wenn im Laufe der Zeit beim Höhepunkt - wenn er denn erreicht wird - nicht mehr der Himmel platzt und alle Glocken läuten, so ist er doch für die meisten Paare irgendwie befriedigend.

Beide sind im Alltag liebevoll miteinander umgegangen und haben gemeinsam die Anforderungen des täglichen Lebens bewältigt. Im Idealfall wurde sich die Spontanität bewahrt, der Lust auf den Partner bzw. auf die Partnerin ohne starre Zeitregeln nachzugeben.

Zu Anfang einer Beziehung ist dies auch nicht schwer. Die Liebenden sind von der Anziehungskraft des anderen fasziniert und es genügt oft nur ein Blick oder eine kleine Geste, um im sprichwörtlichen Sinne übereinander herzufallen.

Bald jedoch entdecken sie, welche Anstrengungen es sie kostet, früh morgens pünktlich aufzustehen, all die Spannungen am Arbeitsplatz auszuhalten, die Sorgen um das liebe Geld und dazu noch das Quengeln der Kinder zu ertragen.

Man kann nicht die Augen davor verschließen, dass selbst bei den verliebtesten Paaren das Zusammenleben unweigerlich auch aus vielen kleinen Pflichten und Ärgernissen besteht. Die Erwartung, dass der andere seinen Beitrag zum guten Funktionieren der Partnerschaft beiträgt, wird aber nicht immer erfüllt und als Folge daraus kritisiert man den Partner und macht ihm Vorwürfe.

Jeder Vorwurf, sei er noch so berechtigt, ist eine Verletzung der Gefühle des anderen und darunter leidet die Erotik. Denn Erotik ist in erster Linie werben, umwerben, schmeicheln und Komplimente machen.

Weil wir Erotik und körperliche Liebe als ein und dasselbe betrachten, ist bei einer unerotischen Grundstimmung die Sehnsucht nach dem Partner schnell der Ablehnung oder zumindest der Gleichgültigkeit gewichen. Unter diesen Voraussetzungen kann man keine „Liebe machen".

Heute leben wir in einer „Spaßgesellschaft". Liebe soll Spaß machen. Deshalb ist die Liebe auch zum Konsumgut verkommen. Jedoch: Konsumieren stillt nur den aktuellen „Hunger", erreicht aber die Seele nicht.

Verwechsle niemals Spaß mit Freude.

Wer Spaß am Sex haben will, braucht immer einen neuen Kick. Spaß aber nutzt sich ab und muss immer wieder eine neue Anregung haben.

Es geht also um die Erwartungshaltung an die Sexualität. Spaß bedeutet eben nur Unterhaltung, Freude hingegen bedeutet Befriedigung. Wenn Sie an etwas wirklich Freude empfinden, bereitet Ihnen dies Vergnügen und gleichzeitig eine tiefe seelische Befriedigung. Dies gilt für alle Lebensbereiche, warum sollte es also in der Sexualität anders sein?

Das Kennzeichen, die Bedingung des Energiewandels sind die Pole, die Zweipoligkeit. Es sollte möglich sein, die beiden gegensätzlichen Pole benennen zu können, denn schließlich wollen wir unsere bipolare Welt verstehen.

Oberflächlich betrachtet ist der „Gegenspieler" von Liebe der Hass. Damit wir das Prinzip LIEBE aber verstehen können, sollten wir tief in uns hineinspüren und annehmen, was die Abwesenheit von Liebe mit uns macht. Es ist die ANGST, die uns antreibt, nach der Liebe als dem heilsamen Gegenpol zu suchen.

Vielleicht ist es ist an der Zeit, in aller Klarheit und auf radikale Art und Weise auszusprechen, in welchem Zustand die seelische und die körperliche Liebe in unserer heutigen Welt ist - wobei diese Einteilung an sich genommen unsinnig ist, denn letztlich betrachtet ist es das Gleiche.

Ohne Zweifel herrscht Mangel an Liebe und sexuelles Elend, wohin man auch schaut. Und anscheinend gibt es nichts, was diesem Zustand ein Ende bereiten würde. Denn seit Jahrhunderten haben die Männer vergessen, wie man eine Frau wirklich körperlich liebt. Dies ist und bleibt die größte Tragödie aller Zeiten. Und es ist tatsächlich eine Tragödie für die gesamte Menschheit.

Die körperliche Liebe ist ihres Sinnes beraubt worden. Und ohne Sinn ist die Liebe - die körperliche wie die seelische - hoffnungslos. Die Folgen der Degradierung der körperlichen Liebe auf den alleinigen Aspekt der Befriedigung des erotischen Triebes hat auf der Welt ein heilloses Durcheinander verursacht.

Wenn Sie für sich dieses Thema vertiefen wollen (müssen), dann lesen Sie mein Buch „Die Liebe pur".

76

Zu diesem Punkt nur noch so viel:

Um die Liebe pur zu verstehen, muss sich Ihr Verständnis der natürlichen Gegebenheiten für uns in dieser Welt erweitern. Es geht darum zu verstehen, wie diese Schöpfung (der Begriff kann durchaus frei von religiösen Bedeutungen sein) die Liebe pur eingerichtet hat.

Sie und ich, Ihr Mann, Ihre Frau und alle anderen Teile dieser Schöpfung leben in einem Kosmos der Bi-Polaritität. Zu allem, was Teil ist, muss es einen Gegenpol geben. Ohne Gegenpol gibt es keine Spannung, keine Bewegung, kein Leben. So wie es einen Plus- und Minuspol geben muss, damit Strom fließt, so muss es das weibliche Prinzip und das männliche Prinzip geben, damit die Energie der Liebe in unserem Leben *erlebbar* ist.

Alles andere ist ein Wunschgedanke. Die reine Liebe, die nicht auf einen Menschen ausgerichtet ist, sondern den ganzen Kosmos umfasst, die ziellos ist und als die spirituelle Liebe bezeichnet wird, ist ein Konstrukt und hat mit der Liebe pur nichts zu tun, denn ihr fehlt der existierende Gegenpol.

Aus dem Verständnis, dass Sie mit Ihrem angeborenen Geschlecht der unverzichtbare Anteil der Liebe sind, entsteht die sexuelle Existenzberechtigung und die Freiheit von der Angst und von der Abhängigkeit von anderen.

Ich habe immer wieder erlebt, wie sich Frauen und Männer auf ihrem Weg zur Liebe pur radikal verändert haben. So, wie die Liebe pur in ihr Leben getreten ist, hat sich ihre Körperhaltung verändert, ihr Gewicht hat sich verändert, ihre Haut sich geglättet, ihre Spannkraft und Lebensfreude sind sichtbar geworden und sie haben eine innere Ruhe und Gelassenheit ausgestrahlt.

Diese Veränderungen sind so nachhaltig, dass sie von Arbeitskollegen, Freunden und Bekannten immer darauf angesprochen wurden: „Was ist los mit Dir? Du hast dich verändert, du strahlst ja von innen her…" Oder so ähnlich.

Es ist die grundlegende Angst der mangelnden Existenz-berechtigung, die durch die Liebe geheilt wird und damit zum Ausgleich kommt. **Die Wiederherstellung des verloren gegangenen Urvertrauens ist die direkte Folge davon.**

Das archaische Prinzip

Der Wortsinn „archaisch", ist wiederzufinden in dem Wort „Arche" und bedeutet: Von den frühen Anfängen her, zur Frühzeit gehörend. Wir kennen das Wort auch aus dem Wissenschaftszweig Archäologie.

In diesem Kapitel ist es der Bezug eines Prinzips zur Frühzeit der menschlichen Entwicklung vor vielen tausend Jahren und die faktische Erkenntnis: „Manche Dinge ändern sich nie". Heute vermutet man den „Einzeller" als die Vorstufe zum menschlichen Leben – tatsächlich spricht man vom „Homo sapiens" erst, seit es zwei Geschlechter gegeben hat, mit deren körperlichen Vereinigung die Fortpflanzung stattfand.

Inzwischen hat die Lektüre dieses Buches (hoffentlich) klargemacht, dass es die menschlichen Bedürfnisse sind, die Bewegung in das Leben bringen. Aber warum entstehen denn Bedürfnisse, welchen Zweck haben sie im Einzelnen?

Es gilt wissenschaftlich gesichert, dass in den ersten Entwicklungsstufen der Menschheit zunächst nur das Stammhirn vorhanden war.

Da das Stammhirn das älteste Gehirnteil ist, wäre es folglich logisch, wenn dort auch die ältesten Funktionen und Bedürfnisse und die damit zusammenhängenden biologischen Konflikte gesteuert werden. Und so ist es auch. Das Stammhirn steuert die wichtigsten Vitalfunktionen, die das Überleben betreffen. Diese Überlebensfunktionen sind in erster Linie Nahrungsaufnahme und Fortpflanzen. Menschen, die im Koma liegen, werden fast nur noch mit Hilfe des Stammhirns am Leben erhalten.

In der Urzeit waren die Menschen wohl in erster Linie Jäger und Sammler. Inzwischen hat der Mensch „Fortschritte" gemacht, er muss nicht mehr zwingend zum Überleben jagen und sammeln, er kauft sich einfach, was er benötigt. Obwohl wir in „modernen Zeiten" leben, hat sich am Beweggrund nichts verändert: Wenn wir nicht mehr dem Wild hinterherjagen, jagen wir dem Geld hinterher – Geld ist heute das Mittel zum Überleben.

Nachdem im Stammhirn die Grundüberlebensfunktionen "eingebaut" waren, ging es darum, das Individuum zu schützen. Es musste geschützt werden gegen Sonne, gegen Austrocknung, gegen Angriffe von außen.

80

Und der Mensch war erfolgreich in seiner Reproduktionsaufgabe: Die Zahl der Menschen wuchs und es bildeten sich Gruppen, Sippen und letztlich ganze Völker. Das Individuum fühlte sich sicherer in der Gruppe, das „Dazugehören-wollen" ist vom Grundsatz her auch heute klar zu beobachten. Man ist nur „in", wenn man die „richtige" Kleidung trägt, das aktuellste Handy nutzt, die Sprache der Gruppe spricht.

Nachdem das Überleben gesichert war (Stammhirn) und der Körper die Schutzfunktionen "eingerichtet" hatte (Kleinhirn), ging es nun darum, in der Welt "seinen Mann" zu stehen (und natürlich auch "seine Frau"), Leistung zu erbringen und sich zu behaupten. Diese Funktionen übernimmt bis heute das Großhirn. In der Gruppe (im Rudel, in der Sippe") muss bis heute eine „Hackordnung" bestehen, der Mensch muss sich behaupten.

Es ist ein Prinzip der Natur, dass Stärkere sich gegenüber den Schwächeren durchsetzen, dieses „Selektionsgesetz" sichert den Fortbestand des Lebens. Schauen Sie nur einmal in die Tierwelt, dort ist oft nur der Stärkere berechtigt, seinen Samen weiterzugeben. Bei den Tieren gibt es nicht nur die Balz- und Bruftzeit, sondern auch der tägliche Kampf um die besten Futterplätze. Dann zeigt das Tier dem Gegner seine Macht und Kraft, indem es damit protzt. Und das Protzen mit den stärksten Eigenschaften ist dem Menschen ebenfalls zu Eigen. Das war schon immer so und wird immer so bleiben. Manches ändert sich nie...

In Bezug zur Sexualität heben die „Männchen" ihre Vorteile hervor, um von den „Weibchen" erhört zu werden. Und die „Weibchen" locken mit ihren Reizen...

Wenn sich auch im Laufe der Zeit die Rahmenbedingungen geändert haben, die „Spielregeln" sind immer gleich geblieben. Der bereits schon einmal zitierte libanesische Dichter Khalil Gibran erzählt von diesem Prinzip als „Des Lebens Sehnsucht nach sich selber!"

Mann und Frau als gegensätzliche Pole (mit dem Bestreben zum Ausgleich) haben „Ladungszustände": Der Mann hat die Aufgabe, seinen Samen zu geben und die optimalen Bedingungen für das dadurch entstehende Leben zu sichern. Das sind in erster Linie: Jagderfolg und Sicherheit der Lebensbedingungen für die aufwachsenden Kinder.

82

Die Frau hat die Stellung in der Natur, den Samen aufzunehmen, in sich den Nachwuchs wachsen zu lassen, ihn zu gebären und zu ernähren (wenn die Milch versiegt, füttert sie die Jagdbeute), und ihm als Vorbild das beizubringen, was der Nachwuchs lernen muss, um lebenstüchtig zu werden. Bei dieser einfachen archaischen Betrachtung des Prinzips sollte klar sein, dass ich ein kompliziertes Thema zum grundsätzlichen Verständnis eben auch stark vereinfacht dargestellt habe.

Jedenfalls ist damit nicht gemeint, dass die Frau wieder ausschließlich Hausfrau und Mutter sein soll. Heute ist es bei einigermaßen guter Organisation durchaus möglich, Beruf und Familie unter einen Hut zu bringen.

Überall dort, wo Menschen - egal ob Mann oder Frau - gegen die archaische Grundkodierung der Geschlechter handeln, hat dies Folgen für sie. Die Natur ist nicht gut oder böse, sie ist nur konsequent.

Der Irrtum der Gesellschaft liegt im falsch verstandenen Wunsch nach Gleichberechtigung. Er ist ein Ausdruck von Ungerechtigkeit, die Frauen seit langem und heute immer noch widerfahren. Tatsächlich ist es die mangelnde Wertschätzung, die den Frauen das Gefühl der Minderwertigkeit gibt. Gleichwertig zu sein unter der Berücksichtigung des Zweckgedankens des Lebens ist eben weitaus mehr, als nur gleiche Rechte zu haben. Damit entlarvt sich der Gedanke der „Genderbewegung" (man ist solange ein neutrales Geschlecht, bis man es selber wählen kann) als Unsinn.

Von der These ausgehend, dass es keine geschlechtsneutrale Wirklichkeit gebe, (was auf die Menschen bezogen richtig ist) ist „Gender-Mainstreaming" von der EU und der Bundesregierung als politisches Programm eingeführt worden. (http://www.spiegel.de/spiegel/a-457053.html)

Das Budget des „GenderKompetenz-Zentrum" der Bundesrepublik Deutschland beträgt jährlich mehrere Millionen Euro. Begründet wird die Notwendigkeit der Arbeit mit der Umsetzung des Gleichheitsgedankens aus dem Grundgesetz. Und schnell wird auch eine Legitimation für den Millionenetat gefunden: In den deutschen DAX-notierten sitzen viel zu wenig Frauen in den Vorständen. Wird sich die Welt ändern, wenn mehr Frauen in Führungspositionen der Wirtschaftsunternehmen sitzen?

Moral und Ethik

Ethisches Handeln ist oder soll zumindest die Grundlage menschlichen Zusammenlebens sein – und wird damit zum spannenden Forschungsgegenstand. Denn die Ergebnisse verraten viel über den Menschen.

„Menschen sind Tiere mit Moral", so postulieren es einige Forscher. „Du sollst nicht töten". Dieser Satz ist die wohl wichtigste Regel des menschlichen Zusammenlebens. Solche Normen aufzustellen und Verstöße dagegen zu ahnden, gehört zu den zentralen Mechanismen jeder Gesellschaft.

Wenn man genauer hinschaut, sind die Regeln für das Zusammenleben einer Gemeinschaft aus zwei Gründen aufgestellt: Jeder soll den Anderen „berechnen" können (denn alle verhalten sich nach den gleichen Grundsätzen), und ohne Regeln für die Anderen lebt das Individuum in Angst. Ein Verstoß gegen die Regeln der Gemeinschaft, sie werden „Gesetze" genannt, ermöglicht den Menschen, anderen eine „Schuld" zuzuweisen. Moralisch gesehen ist die Schuld ein Verstoß des Menschen gegen sein Gewissen.

Weil die Natur / das Prinzip keine Schuld kennt, sehen wir, dass die Gesetze von Moral und Ethik menschengemacht sind. Die ursprüngliche biologische Lebensweise hat sich im Laufe der Zeit in eine moderne Turbozivilisation verwandelt. Die Biologie kann sich den schnell ändernden Herausforderungen heute kaum noch anpassen.

In Ausnahmesituationen reagiert unsere Biologie mit den Mustern von Steigerung und Aufbau, Reduktion und Abbau und einer entsprechenden Änderung in der menschlichen Wahrnehmung und im Verhalten.

Aus dem Unverständnis über bio-logische Reaktionen resultiert ein Gut-Böse-Schuld-Denken, das alle Bereiche des menschlichen Lebens dominiert: Medizin, Theologie, Politik, Gesellschaft. Auf der Suche nach dem Zweck dieses Denkens wird schnell klar: Regeln sollen das Individuum schützen und Gefahr abwenden – die Quelle dieses Bedarfs ist die Angst vor Nachteilen.

Erst kommt das Fressen, dann die Moral, sagt Berthold Brecht in seiner Dreigroschenoper. Wer verhungert schon freiwillig aus Gründen der Moral?

Das Adjektiv „moralsauer" beschreibt Menschen, die in aufdringlicher Weise anderen Menschen ihre „Übermoral" aufzwingen wollen. Und die „moralische Entrüstung" soll ja bekanntlich der Heiligenschein der Scheinheiligen sein.

Nicht die Natur, der Mensch gibt sich moralische Normen und will sich darin vom Tier unterscheiden. Über den Ursprung der Moral streiten Philosophen, Psychologen und Theologen schon länger. Darf ein Mann mehrere Frauen haben? Warum plündern wir, wenn wir Hunger haben und der eigene Kühlschrank leer ist, nicht einfach die Küche unseres Nachbarn? Nun, Polygamie ist in unserer Gesellschaft ebenso verboten wie Diebstahl. Und doch gibt es Länder, in denen es völlig normal ist, als Mann mehrere Frauen zu haben. Einbruch gilt hingegen weltweit als verwerflich.

Die beiden Fälle zeigen: Wertevorstellungen von Menschen ähneln sich - können sich aber auch unterscheiden. Sie sind offenbar auch kulturell beeinflusst. Die Frage aber ist: Woher kommt die Moral? Steckt sie vielleicht in unseren Genen? Oder geht sie eher auf die Religion oder kulturelle Einflüsse der menschlichen Gemeinschaft zurück?

Das alles ist Unsinn, ohne wirklichen Sinn. Die vermeintlich erhellenden Antworten auf diese Fragen füllen die Regale von tausenden öffentlichen und privaten Bibliotheken. Licht ins Dunkel bringt eher die Frage nach dem Zweck der moralischen Gesetze einer Gemeinschaft und die Rolle des Individuums darin.

Es gibt wie immer zwei Möglichkeiten (duale Welt). Entweder stimmen die Wertevorstellungen des Einzelnen mit den Gemeinschaftsregeln überein – was subjektiv Wohlbefinden auslöst – oder der Mensch empfindet die moralischen Gesetze der Gemeinschaft (die meist sogar als „Recht" in Gesetzen verankert sind) als Bevormundung, Zumutung, Einschränkung seines persönlichen Bedarfs an Freiheit. Dann wird er entweder „über die Stränge schlagen" oder sich der bezwingenden Autorität der Gemeinschaft, also dem Gesetz beugen.

Dafür ein Beispiel aus dem Alltag: Der Anschnallpflicht im Auto folgen rund 90 % aller Insassen. Obwohl die meisten davon niemals Unfallfolgen ohne Gurt erlebt haben, ist es nur bei den Wenigsten die Angst vor Unfallfolgen – die Mehrheit hat einfach nur Angst vor der Strafe.

88

Was ist also der Zweck von Moral und darauf aufbauend von „moralischem Verhalten"? Er ist – wie alles im Prinzip Leben – die Sehnsucht nach Erfüllung von Bedürfnissen spürbar zu machen, gleich wie sie beim Einzelnen oder bei der Gemeinschaft heißen. Die bewertende Instanz der menschlichen Moral ist das Gewissen.

Das **Gewissen** wird im Allgemeinen als eine besondere Instanz im menschlichen Bewusstsein angesehen, die bestimmt, wie man urteilen soll. Es drängt den Menschen, aus ethischen bzw. moralischen oder intuitiven Gründen, bestimmte Handlungen auszuführen oder zu unterlassen. Entscheidungen können als unausweichlich empfunden oder mehr oder weniger bewusst – im Wissen um ihre Voraussetzungen und die denkbaren Folgen – getroffen werden, das nennt man dann Verantwortung fühlen.

Das individuelle Gewissen wird meist als von Normen der Gesellschaft und auch von individuellen sittlichen Einstellungen der Person abhängig angesehen. Ohne eine ethische Orientierung bleibt das Gewissen „leer", man sagt auch: „Ohne Verantwortung ist das Gewissen blind". Üblicherweise fühlt man sich gut, wenn man nach seinem

Gewissen handelt - das ist dann ein gutes oder reines Gewissen. Handelt jemand entgegen seinem Gewissen, so hat er ein subjektiv schlechtes Gefühl; ein schlechtes, ein nagendes Gewissen oder Gewissensbisse, was man auch als kognitive Dissonanz, als die fehlende Harmonie im Bewusstsein beschreibt. Gelegentlich wird das Gewissen auch als „eine innere Stimme" bezeichnet. Die in unserm Grundgesetz garantierte Freiheit des Gewissens endet jedoch schnell, wenn persönliche Handlungen andere „schädigen". Zumindest sollte es so sein...

In Kenntnis von diesen Zusammenhängen ist es erklärlich, dass zu allen Zeiten Menschen oder Menschengruppen (meist die „Mächtigen") den Menschen ins Gewissen reden wollten oder zum Zweck der eigenen Vorteilsnahme anderen Menschen „ein schlechte Gewissen" machten. Denn Ausbeutung und Unterdrückung ist mit diesem „psychologischen Trick" viel eleganter und einfacher zu bewerkstelligen, als seine persönlichen Interessen mit Gewalt durchsetzen zu müssen. Den gleichen Prinzipien folgen (schon immer und immer noch) die weltweiten Kriegshandlungen: „Willst Du nicht mein Bruder sein, dann schlag ich Dir den Schädel ein!"

90

Wenn das Gewissen als Instanz der Moral ist, woher kommt dann die „Doppelmoral"? Entscheidendes Merkmal davon ist ja, dass „mit zweierlei Maß gemessen wird". Aber niemand nimmt an, dass der Mensch zwei Gewissen hat.

Von Doppelmoral kann gesprochen werden, wenn unterschiedliche Bewertungskriterien bei der Beurteilung eines Sachverhaltes vorliegen. Der Begriff geht also über die unterschiedliche Bewertung von eigenem Verhalten und Fremdverhalten oder zwischen dem Verhalten, das eine Person von anderen einfordert und demjenigen, das sie selbst zeigt (Heuchelei), hinaus. Geht es um einen Widerspruch zwischen tatsächlich befolgter und nach außen hin vertretener Moral, wird stattdessen eher von Bigotterie (zwei Götter) gesprochen. Als einen „selbstgerechten" Menschen bezeichnen wir jemand, der für unser Empfinden über die „Norm" hinausgehende Moralansprüche an sich selbst und an andere stellt.

In der Tiefe betrachtet ist moralisches Handeln allerdings auch nichts anderes, als nach seinem tiefsten Gefühl zu handeln. Dabei gilt es als verwerflich, wenn „der Zweck die Mittel heiligen" soll.

Die Sinnfrage

Sie ist dadurch gekennzeichnet, dass nur Menschen sie stellen. Voraussetzung für das bewusste Stellen der Sinnfrage ist das Denken, Zweck der Frage ist es, eine Antwort zu finden.

Wie wir jetzt wissen, stellt sich die Sinnfrage nur aus dem Gefühl heraus, des „Sinnes" verlustig gegangen zu sein. Das Nachdenken scheint für Menschen das probate Mittel dafür zu sein, das tiefe Gespür für die Angst machende Realität vermeiden zu können.

Die Suche nach dem Sinn alles Existierenden führt uns in den Bereich der Metaphysik. Diese ist die Lehre von dem empirisch (in der Wahrnehmung, bzw. in der Erfahrung legitime und verlässliche menschliche Erkenntnisse) nicht **mehr nicht mehr Erfahrbaren**, also von den hinter unseren Wahrnehmungen verborgenen (oder auch vermuteten) Tatbeständen. Damit ist es der Bereich der Spekulation und untauglich für eine schlüssige Beweisführung. Jede Religion basiert auf der Metaphysik und scheint mit dem Dogma der Existenz von Gott die einzige metaphysische Erklärung zu haben, die die Masse von Menschen akzeptieren kann. Gott zu leugnen gilt in den gemäßigten Religionen als „Gotteslästerung" und führt in radikalen Religionen nicht selten zum Tod. Arthur Schnitzler (Arzt und Schriftsteller im 19. Jahrhundert) schreibt dazu: „Die Aufgabe der Erziehung wäre es, den metaphysischen Hunger des Menschen durch Mitteilung von Tatsachen in weisem Maß zu stillen, statt ihn durch Märchen, was ja die Dogmen sind, zu betrügen".

Wir haben Kant erlebt, der noch versuchte, die Metaphysik zu retten. Kants "moralisches Gesetz in uns" lässt sich ohne Freiheit, Unsterblichkeit und Gott nicht denken, deshalb muss der Mensch sie postulieren (unbewiesen als gegeben voraussetzen), denn verstandesmäßig sich ihnen zu nähern ist gemäß Kant nicht möglich.

Mit Nietzsche haben wir einen Skeptiker vor Augen, der nichts mehr gelten lässt. Mit ihm verbinden wir den Begriff "Nihilismus" und seine Aussage: "Gott ist tot". Nietzsche wollte, dass der freie Geist die festgemauerten Vorurteile sprengt. Er lehnt jegliche Sinnrechtfertigung aus dem „Jenseits" ab. Es gibt für ihn keine vollkommene Welt, auf

94

die wir uns hinbewegen, es endet alles radikal im Tod. Damit erreichte auch die die bis dahin geltende „auf Sinn beruhende Weltordnung" ihr Ende. Das große, auf einem Schöpfergott begründete Sinndeutungssystem verlor seine Bedeutung. Bis dahin war Gott Ursprung und Ziel aller Dinge und damit Garant für einen allumfassenden Sinn. Mit dem Zerbrechen des metaphysischen Weltbildes tauchte erstmals die Sinnfrage für das einzelne Individuum auf.

Die Philosophen des 19. und 20. Jahrhunderts waren scharfsinnige Zeitzeugen, es sollte im abendländischen Kulturkreis aber noch einmal mehr als hundert Jahre dauern, bis sich die Masse der Menschen sich von der Institution Kirche abwendeten. Die radikalen Strömungen im Islam sind die Pendelbewegungen in das andere Extrem.

In der Psychologie gilt es, das Menschenbild in den unterschiedlichen Ansätzen zu beleuchten. Denn die Frage nach dem Menschen beinhaltet zugleich immer die Frage nach dem Sinn. Das Menschenbild entscheidet über Ziele und Methoden innerhalb der therapeutischen Praxis.

Sigmund Freud gilt als der Begründer der modernen Psychotherapie. Ausgehend von seinen Erfahrungen kam Freud zu einer empirischen Aussage vom Menschen. Zentral ist dabei die Annahme, dass das menschliche Verhalten ausschließlich von biologischen Trieben und von angeborenen Instinkten im Sinne der Selbsterhaltung bestimmt ist. Wichtigste Triebe sind für Freud der Sexualtrieb und der Aggressionstrieb. In seinem Persönlichkeitsmodell unterscheidet er drei Funktionsbereiche: Das ES, das ICH und das ÜBER-ICH.

Seine Klassifizierungen lauten:

ES: Das Es ist von Geburt an da. Es besteht aus dem Bedürfnis nach Nahrung, Wasser, Ausscheidung, Wärme, Zuwendung und Sexualität. Der Sexual- und der Aggressionstrieb sind im Es beherrschend. Die Inhalte des Es sind unbewusst. Die Triebe des Es suchen unmittelbare Befriedigung (Lustprinzip). Erfolgt keine Befriedigung wächst eine Spannung, die das Es so schnell als möglich beseitigen will. Auch beim erwachsenen Menschen sind die Es-Impulse relativ unabhängig von den realitätsorientierten Prozessen des Ich.

96

ICH: Aus dem Es entwickelt sich in der zweiten Hälfte des ersten Lebensjahres das weitgehend bewusste Ich. Das Ich ist jener Teil des Es, der durch die Umwelt beeinflusst wird. Das Ich muss das Lustprinzip in Grenzen halten, denn ein offenes Ausleben der Triebimpulse würde zu Konflikten mit der Gesellschaft führen. Das Ich ist die Instanz, die zwischen den Anforderungen der Triebimpulse, der Realität und des Über-Ich vermitteln muss.

ÜBER-ICH: Den dritten Part in der Persönlichkeit bildet das Über-Ich. Es ist Träger der moralischen Normen der Gesellschaft und bildet sich insbesondere durch die Verinnerlichung elterlicher Gebote und Verbote. Freud setzt das Über-Ich mit dem Gewissen gleich. Verstöße gegen das Über-Ich machen sich durch Schuldgefühle bemerkbar.

Das Verhalten des Menschen nach Freud ist also ein Wechselspiel dieser drei psychischen Komplexe, von denen jedes eigene den anderen oft widersprechende, Ziele verfolgt. Für Freud ist der größte Teil der unser Verhalten bestimmende Kräfte unbewusst. Selbst das Ich, das denkt und plant, hat unbewusste Anteile, nämlich die Abwehrmechanismen, die es vor Angst schützen. Nach diesem Persönlichkeitsmodell ist die Natur des Menschen vollständig durch Vererbung und frühe Lebenserfahrung bestimmt. Mit der Frage nach dem Sinn des Lebens gibt Freud sich nicht ab, das sei Sache der Religion. Ja er schreibt sogar, dass, wer nach Sinn und Wert des Lebens frage, krank sei. Die Religion stammte für Freud aus dem Wunschdenken des Menschen, der damit seine Angst vor den Gefahren des Lebens beschwichtigt, sich einer sittlichen Weltordnung versichert und mit sich dem „ewigen Leben" eine Verlängerung seiner irdischen Existenz erhofft.

Das aktuell vorherrschende Weltbild ist bekannt als **Humanismus.** Hier begreift man den Menschen in der Einheit von Körper, Geist und Seele. Wobei es letztlich im Humanismus unerheblich ist, ob die Seele sterblich oder unsterblich ist, da eine Beweisführung nicht möglich ist und in den Bereich der metaphysischen (von wo kommt etwas, was steckt hinter der Natur) Spekulationen fällt.

Aber anders als beim Christentum ist aus humanistischer Sicht der Mensch nicht ein Resultat eines göttlichen

Schöpfungsaktes, sondern ein Lebewesen, das einfach nur aus einer biologischen Evolution hervorgegangen ist und nur graduell (fein, gerade noch erkennbar) vom Tier zu unterscheiden ist.

Der wesentliche Unterschied zum Tier liegt jedoch in den menschlichen Geisteskräften. Der Mensch ist sich durch seinen Geist seines Selbst bewusst. Er besitzt ein Selbstbewusstsein und damit die Fähigkeit, sich sowohl von der Gegenwart gedanklich zu trennen als auch gedanklich in der Vergangenheit zu verweilen oder Zukunft zu planen.

Das menschliche Selbstbewusstsein beinhaltet aber nicht nur die Erkenntnis des eigenen Ichs, sondern auch das des Gegenübers, des Mitmenschen. Diese Fähigkeit ist aber nicht unproblematisch, da sie das Wissen um Krankheit, Schmerz, Verlust und Tod einschließt. Der Mensch wird zu Mitleid und Trauer, aber auch zu Selbstmitleid fähig.

Ein humanistisches Menschenbild besagt, dass jeder Mensch das gleiche Recht auf Freiheit hat, das Leben und alle Entscheidungen die dieses Leben beeinflussen, selbst bestimmen zu können. Es geht weiter davon aus, dass der Mensch einzigartig und von Grund auf gut ist.

Es besagt, dass der Mensch befähigt und bestrebt ist, Entscheidungen in seinem Leben selbst zu treffen und sein Leben auf moralischer und ethischer Ebene selbst zu bestimmen. Auch auf finanzieller, sozialer, körperlicher, geistiger und seelischer Ebene sollten Entscheidungen selbst getroffen werden können.

Mindestens in einer Hinsicht steht das humanistische Menschenverständnis aber ebenso in Zweifel: Wenn die moderne Neurobiologie nachweisen kann, dass der „freie Wille" zur Disposition steht und der Mensch ausschließlich aus seinen tiefsten Gefühlen heraus handelt, welche „Entscheidungen" kann er denn dann noch treffen?

Damit stellen die Erkenntnisse der aktuellen Hirnforschung so ziemlich alles auf den Kopf, was Menschen bisher geglaubt haben zu wissen. Und das Rechtsprinzip von „Schuld und Sühne" steht ebenfalls auf ganz dünnem Eis: Wenn keine Willensentscheidung zur Tat führt, ist Strafe für die Uneinsichtigkeit in menschengemachte „Gesetze" ohne Sinn. Die Bestrebungen der „Resozialisierung" von Verbrechern könnten allenfalls auf der Basis von einer tiefgreifenden „Umerziehung" stattfinden.

Viktor Emil Frankl, er lebte im letzten Jahrhundert als Neurologe in Psychiater in Österreich, begründete einen eigenständigen Ansatz, der in besonderer Weise die *geistige Dimension* des Menschen in den Blick nimmt und sein existenzielles Streben nach *Sinn im Leben* als dessen primäre Motivationskraft betrachtet. Bekannt wurde dieser Ansatz als Logotherapie und Existenzanalyse.

Frankl sah den heutigen Menschen von einem "abgründigen Sinnlosigkeitsgefühl" bedrängt. Nicht in der sexuellen Frustration (Freud) oder im Minderwertigkeits-gefühl (Adler) sondern in der existentiellen Frustration sah Frankl das Hauptproblem des Menschen in unserer Zeit. Er sprach davon, dass sich das "existentielle Vakuum" immer mehr ausbreite. Das Zustandekommen dieses Vakuums erklärte er so: "Im Gegensatz zum Tier sagen dem Menschen keine Instinkte, was er muss; und dem Menschen von heute sagen keine Traditionen mehr, was er soll; und oft scheint er nicht mehr zu wissen, was er eigentlich will".

Frankl sprach damit eine Warnung vor dem Weltbild aus, das den Menschen aus sich selbst heraus verstehen will.

Nach Frankl wird der Mensch aus der Sicht der Existenzanalyse nicht hauptsächlich von Lust, Macht oder Selbstverwirklichung umgetrieben, sondern von einem "Willen zum Sinn". Bei diesem Willen geht es um eine Sinnerfüllung. Über den Willen (den konditionierten, nicht den „freien" Willen) haben wir schon gesprochen.

Frankl sagt: "Das Leben selbst ist es, das dem Menschen Fragen stellt. Er hat nicht zu fragen, er ist vielmehr der vom Leben her Befragte, der dem Leben zu hat." So verstanden ist der Mensch "Sinnempfänger" und das Leben hat "Aufgabencharakter". Zu der Sinnfindung sagt Frankl: **„Jeder einzelne Mensch hat die Aufgabe, seinen Sinn zu entdecken und nicht, sich einen Sinn zu geben. Er ist schon da."**

Soll Sinnfindung für den Menschen möglich sein, so muss es nach Frankl einen "Sinn des Ganzen" geben. Diesen versucht Frankl mit dem Begriff des "Übersinns" zu fassen. Dieser Übersinn, (auch der „höhere" Sinn) von dem der individuelle Sinn ableitbar ist, kann nicht bewiesen werden, sondern muss geglaubt werden. Frankl sagt auch, dass jeder Mensch eine Beziehung zu Gott habe und sei sie auch

102

unbewusst, nämlich verdrängt. In seiner Therapiearbeit, in einer existenzanalytischen Traumanalyse, die sich primär auf das unbewusst Geistige konzentriert, begegnet Frankl selbst bei sich als atheistisch und nicht-religiös verstehenden Menschen dem Phänomen der unbewussten Gottbezogenheit. Hier spricht Frankl von einer unbewussten intentionalen (zielgerichteten) Beziehung zu Gott, die jedem Menschen zu eigen ist.

Mein Vorschlag zum tieferen Verständnis: Ersetzen Sie den Begriff „Gott" einfach mal durch den Begriff „Prinzip". Erstens lösen Sie sich damit von dem Versuch, einem Gott (einer zweiten Person, deren Existenz unbewiesen ist) die schöpferische Macht des Seins zu geben. Zweitens ist in der Anwendung des Begriffs „Prinzip" (das gesamte SEIN) die Erkenntnis von „allumfassend" enthalten, denn ALLES ist eins. Für Zweifel daran braucht es die Existenz von ZWEI Möglichkeiten, diese aber sind im ALLES schon enthalten.

Die Frage ob das Leben einen Sinn hat oder nicht, ist nicht allgemein und für jeden Menschen nachvollziehbar zu beantworten. Mir drängt sich der Gedanke auf, dass es ohne Dogmen, ohne Unbewiesenes nicht geht, wenn ich mich auf die Sinnfrage einlassen will. Wie wir weiter oben gesehen haben verdrängen alle naturwissenschaftlichen Ansätze die Sinnfrage. Aber auch diese Verdrängung und Blindheit für die Sinnfrage liegt im jeweiligen Menschen- und Weltbild begründet.

Wenn Sie jedoch wie ich von der Sinnfrage zu der Zweckfrage des menschlichen Lebens übergehen, können sich dabei neue und erhellende Erkenntnisse ergeben. Die Sinnfrage erweist sich anscheinend als nicht lösbar, ohne dafür an die Existenz einer zweiten Macht zu glauben. Dies ist beobachtbar in der Tatsache, dass wohl fast alle ernstzunehmenden Wissenschaftler irgendwann in einen Lebensabschnitt der „Religio" – der „Rückbesinnung" auf den Anteil ihres geistigen Lebens gekommen sind.

Aber von einer „zweiten", einer übergeordneten Macht zu sprechen, bedingt logisch gesehen die Anwendung eines „Trennungsgedankens", der einer unbedingten Einheit allen Seins widerspricht.

Für mich ist das so simpel wie logisch...

Der Zweck des Lebens (der menschlichen Existenz)

Bis hierhin waren wir - unvermeidlich für das Thema – viel zu oft bei dem **Ernst des Lebens**. Mit ihm wird den unbeschwert spielenden und laut tobenden Kindern oft gedroht. Wenn aber das Leben unbedingt ernst sein müsste, wo bliebe da die sprichwörtliche „Leichtigkeit des Seins"?

Entspannen Sie sich also. Vielleicht hilft es Ihnen, wenn Sie die bekannte Melodie aus der Operette von Johann Strauß „Der Zigeunerbaron" trällern, wo der reiche Schweinezüchter Zsupán singt: „Der ideale Lebenszweck ist Borstenvieh und Schweinespeck…"

Alles Einfache ist leicht zu verstehen, sagt mein Freund Dr. Uli Mohr, der dazu eigens die Wissenschaft der Einfachheit gegründet hat, die er „Simplonik" nennt. Diese Wissenschaft dient der Optimierung des menschlichen Lebensprozesses. Sie schafft Verständnis für den großen Rahmen, in dem wir durch unser menschliches Dasein auf der Erde eingebunden sind, nur einem einzigen von unendlich vielen Planeten im unendlichen Universum. Das Wort kommt aus dem Lateinischen „universus", was „gesamt" bedeutet.

Denn Unendlichkeit ist nur ein anderes Wort für Gesamtheit oder Einheit, in dem sich wiederum das Wort „Einfachheit" verbirgt. Fortschrittliche Physiker benennen die Einheit auch mit dem Begriff des „teilchenlosen Kontinuums" (ungeteilt zusammenhängend) – oder eben einfach mit „Äther" im Sinne des feinsten Stoffes, aus dem unserer Kenntnis nach alles besteht.

Dass Naturwissenschaftler zu allen Zeiten an der Sinnfrage des menschlichen Lebens gescheitert sind, ist leicht nachvollziehbar. Nicht umsonst nennt man sie in der (oft respektlosen) Umgangssprache „Fach-Idioten". Sie fühlen sich zuständig für ihr Fachgebiet und verlieren beim Sammeln von immer mehr Fakten den Blick für „das große Bild" – sie kennen die Zusammenhänge nicht mehr.

Für die heutige Informationsgesellschaft (das Internet lässt grüßen) ist es so, als ob auch die Allgemeinheit durch das rasante Anwachsen von Informationen von Tag zu Tag mehr die Übersicht verliert. Gespürte Orientierungslosigkeit jedoch führt zu dem Wunsch nach Orientierung, wie wir wissen. Damit haben Sie die Begründung, warum die „modernen Menschen" das Gespür für den Sinn und

Zweck ihres Lebens verloren haben und auf die Suche gehen, so wie Sie, lieber Leser, liebe Leserin. Nach Khalil Gibran verhalten sie sich „wie Zwerge im Nebel". Sie spüren, dass die Kompliziertheit ihres Lebens gegen unendlich wächst und dabei das Verständnis für die Zusammenhänge und die Beherrschbarkeit des Alltags in gleichem Maße sinkt.

Die **Ver *zwei* flung** wächst immer dort, wo es mindestens zwei mögliche Wege zur Lösung eines Problems geben könnte und man mit sich selbst nicht zur Einigung kommt.

Spüren Sie, dass unsere Welt bedingungslos **bi-polar** ist? Mit dem Verstehen der Bedeutung, mit der Akzeptanz, dass genau dies die Bedingung für den Fluss von allem Lebendigen ist, nähern Sie sich bereits deutlich dem elementaren Kennzeichen des Lebens.

Vielleicht erinnern Sie sich an das tragische Dilemma, in dem der melancholische Doktor Faust im gleichnamigen Schauspiel von Goethe steckt und das ihm "schier das Herz verbrennt". Um seinen ungeheuren Wissensdurst zu stillen, hat er "mit heißem Bemühen..." Philosophie, und Juristerei,

Medizin und leider auch Theologie studiert - nur um festzustellen, "dass wir nichts wissen können". Faust fühlt sich von allen guten Geistern verlassen und wendet sich der schwarzen Magie zu. Das führt ihn allerdings nicht aus dem Dilemma heraus, sondern in immer kompliziertere Verstrickungen hinein.

Goethe lässt Faust sprechen: *„Zwei Seelen wohnen, ach! in meiner Brust, die eine will sich von der andern trennen. Die eine hält, in derber Liebeslust, sich an die Welt mit klammernden Organen, die andere hebt gewaltsam sich vom Dust (= Staub) zu den Gefilden hoher Ahnen."*

Die vielen Faustbearbeitungen über die Jahrhunderte hinweg belegen es: Faust ist zu einem Mythos geworden, steht doch sein Name für die zwischen zwei entgegengesetzten, scheinbar unvereinbaren Welten hin und her gerissene menschliche Existenz schlechthin. Wir haben es bei Faust also nicht etwa mit einer historischen Magierfigur zu tun, sondern mit einem Urproblem des menschlichen Daseins hier auf Erden, mit einem Archetypus, der wohl so alt ist wie der Fall des Menschen. Achten Sie auf das Wort Archetypus – zusammengesetzt aus Arche und Typ.

Im Alltag verwenden wir Menschen Worte, meist ohne auf deren Sinn und Bedeutung zu achten. Es ist jedoch mehr als förderlich für den „Durchblick", mit der Sprache achtsam umzugehen. Gerade für das Verständnis der bipolaren Welt ist es *erhellend*, den Wortsinn und die Konsequenzen aus den *Er-kennnissen* (die zu Kenntnis führen) immer mehr zu registrieren. Ich greife einfach einige in diesem Abschnitt des Buches verwendeten Worte auf, in der Hoffnung, dass Sie deren Wortsinn erfassen:

Entspannung – Ende einer vorangegangenen Spannung

Verzweiflung – zwei Fakten verhindern Entspannung

Entwicklung – setzt die vorherige Verwicklung voraus

Verständnis – ver-stehen, auf festem Boden stehen

Verlust – Ende der Lust

beherrschbar – sich als „Herrscher" fühlen können

notwendig – Not ist zu spüren, eine Wende ist nötig

Vielleicht bekommen Sie im Laufe der Zeit Freude daran, wie ich mit Worten zu spielen. Dies sollte Sie aber nicht davon abhalten, die Wortbedeutungen auf der Gefühls-ebene zu spüren. Denn nur damit geben Sie dem Verstand eine Chance, das Fühlen in seine Sprache zu übersetzen.

Für das Verständnis vom Zweck des Lebens ist es also notwendig, eine Not zu spüren. Warum sollte sich der Mensch ohne Not auf den Weg machen, einen Sinn in seinem Leben zu suchen?

In den vorherigen Kapiteln dieses Buches ist bereits beschrieben, dass die Sinnsuche immer frustrierender wird, wenn der Mensch keine letzte Antwort findet. Wird bei der Sinnsuche keine Antwort gefunden, gibt es wiederum zwei Möglichkeiten. Entweder geben sich die Suchenden mit einem Teilergebnis zufrieden (dann war die Not nicht groß genug), oder sie verstärken ihre Anstrengungen und tun (zur Verstärkung der Notwendigkeit) mehr vom Falschen.

Die Suche nach etwas, was gar nicht existiert, kann eben nicht zu einem „guten Ende" führen. Das tiefste Innere des Menschen, dort, wo er eine Ahnung von der Gesamtheit des Äthers (Universums) hat, kommt nicht zum Frieden.

Dass dies so ist, können Sie am Lebensweg der bekannten Philosophen und der angeblich „Erleuchteten" erkennen.

Ein Blick auf deren Biographien sagt alles. Krankheit, und viele weiteren „Ungereimtheiten" herrschten bei den vermeintlichen Weltenlehrern vor. Sokrates musste den Schierlingsbecher trinken, Aristoteles wurde den Überlieferungen zufolge nur 45 Jahre alt, Einstein starb mit 76 Jahren an inneren Blutungen, er hat sich bis zu seinem Tod seine Beteiligung am Massenmord an den Juden und seinen Beitrag zur Entwicklung der Atombombe nicht verziehen und führte eine zweifelhaft Ehe. Es ist bekannt, dass er seine Frau mit „Sie" ansprach und ihr später bei Strafe verbot, sich im gleichen Zimmer wie er aufzuhalten.

Von Sigmund Freud ist bekannt, dass er mit Begeisterung auf das Ausbrechen des Ersten Weltkrieges reagierte und 1922 an Gaumenkrebs erkrankte, er starb nach jahrelangem Leiden und nach 33 teilweise dramatischen Operationen.

Baghwan litt an zahlreichen quälenden Allergien und massiven Rückenschmerzen, Buddha wird als fettleibiger Mensch dargestellt.

Wenn Sie den obskuren Freundeskreis des Dalai Lama ansehen, bekommen Sie wahrscheinlich das Gruseln. Der „Wiedergeborene" regiert in seinem indischen Exil äußerst undemokratisch und hat eine fast kindliche Freude an Kriegsspielzeug.

Soweit der kleine Ausflug in die Lebensumstände von Menschen, bei denen wir annehmen, dass sie das Leben als Ganzes verstanden hätten, und denen die Mehrheit der Menschen kritiklos das Attribut „Lichtgestalt" oder auch „Menschenlehrer" zugesteht. Ist es nicht die Aussage des Hermetischen Gesetzes von der Gleichheit aller Dinge, die hier zu beobachten ist? Wie innen, so außen. Wie die seelische Struktur des Menschen, so seine Handlungen.

Warum sieht keiner die logischen Brüche bei den Ikonen der spirituellen Überholspur? Vielleicht, weil man lieber den Strohhalm im favorisierten Erleuchtungsweg sehen will, damit nur niemand am vermeintlichen freien Willen und an der menschlichen Schöpferkraft rühren möge?

Denn diese Botschaft gehört meist zum Standardrepertoire derer, die uns weismachen wollen, dass sie den Sinn des

Lebens verstanden haben. Mehrheitlich wird die Existenz eines „Übersinnlichen" postuliert, dies beißt sich aber mit der EINheit, doch das will das kontrollsüchtige, ängstliche kleine Ego lieber nicht sehen.

Bleiben wir also lieber bei der Frage nach dem Zweck des Lebens. Denn dieser kann sich, ohne Dogmen vorauszusetzen zu müssen, jedem Menschen erschließen. Wiederum vorausgesetzt, dass der Mensch eine Sehnsucht nach der Lösung seines Unverständnisses spürt, warum sonst sollte er eine Antwort suchen…

Ein Untertitel dieses finalen Buchkapitels könnte heißen: „Was ist das menschliche Leben als Anteil des gesamten Prinzips, das wir irrigerweise Schöpfung nennen?"

Die Antwort ist einfach: Leben ist der dreidimensionale Aspekt des multidimensionalen Prinzips. Die Voraussetzung für alles Lebendige, wie wir es wahrnehmen, ist der stetige Wandel der **In-form-ation**, der Formgebung aller Materie.

Universelle Einheit ist für Wesen in der dreidimensionalen

Welt nicht zu be-**greifen**, das Verständnis der Zweipolig-keit (Bipolarität) ist jedoch bis zu einem gewissen Grad physikalisch und chemisch messbar.

Wenn wir unsere Aufmerksamkeit auf die allgemeinen Begriffe von Spannung und Ladungsausgleich richten, wird ein erster Lebenszweck erkennbar, und sei es zunächst auch nur ein interessanter physikalischer Aspekt. Messen können wir mit heutigen Mitteln die elektrischen, magnetischen und elektromagnetischen Vorgänge in den Säugetierorganismen. **Ohne Spannung und Potentialdifferenz (Ladungs-unterschied) gibt es kein Leben, soviel steht fest.**

Lebewesen bestehen in ihrem materiellen Anteil aus Zellen, welche eine Potentialdifferenz an der Zellwand brauchen. Die unterschiedliche Ladung an Innen- bzw. Außenseite gewährleistet das Überleben der Zelle. Denn ohne diese Differenz würde sie in sich zusammenfallen. Die Membran ist also aus gutem Grund nur für bestimmte Elemente mit einer spezifischen elektrischen Ladung durchlässig.

Daneben kennt man die Weiterleitung von den Nerven-impulsen ebenfalls als elektrisches Phänomen. Hormone,

114

Enzyme und andere komplexe Moleküle entfalten ebenfalls ihre Wirkung über elektromagnetische Anziehungskräfte, die nach dem Schlüssel-Schlossprinzip ihnen zugedachte Substanzen neutralisieren oder modifizieren und damit dem Stoffwechsel dienen.

Und auch vom Atom wissen wir um die Positivität des Atomkernes und die Negativität der ihn umkreisenden Elektronen. All dies bestreitet heute niemand mehr. Interessant (aus dem Lateinischen „interesse", dabeisein) ist hierbei auch die messbare Tatsache, dass die räumlichen Abstände des Atomkerns und der ihn umkreisenden Elektronen, um den gleichen Faktor „x" vervielfacht, die Bewegungsabläufe und die Abstände der Planeten ergibt.

Zurück zum „roten Faden": Unser Leben ist also bis in die differenzierteste Funktion hinein ein Wechselspiel von Gegensätzen auf der Basis von Elektrizität und Magnetismus. Das ganze Leben dreht sich um Anziehung, Abstoßung und entspannenden Ladungsausgleich. Das Wenigste, was wir also schon hier als Lebenszweck definieren können, ist der Antrieb zum Spannungsausgleich. Zugegeben, das klingt noch etwas dürftig für das

Erkennen des Lebenszwecks. Der nächste Schritt zum Verständnis dafür, warum alles so ist, wie es ist, wäre die Übertragung des Gedankens (der Tatsache), dass Teile des Ganzen zwar in einem gleichen Thema angesiedelt sind, aber immer unterschiedliche Ladungszustände haben, sogar haben müssen (das bipolare Prinzip). Daraus ergibt sich:

Psyche und Geist folgen ebenso den Gesetzen der Elektrizität und des Magnetismus.

Das kann gar nicht anders sein, denn die Wirklichkeit (was wirkt) folgt den zugrundeliegenden Gesetzmäßigkeiten des gesamten Prinzips.

Erstaunlich groß und breitgefächert ist das heutige Wissen über die Bioelektrizität lebender Organismen. Nicht weniger erstaunlich ist auch die Blindheit der forschenden Menschen, die bisher verhinderte, die zugrundeliegenden Naturgesetze in adäquater Weise auf psychologisch-geistige Prozesse zu übertragen.

Das menschliche Selbstverständnis ist ohne die Erkenntnis der Zusammenhänge unvollständig. Dies ist bereits in einer weit verbreiteten Angewohnheit bei der Selbsterkenntnis zu

116

sehen. Menschen nehmen sich als „Das bin ich" wahr und sind damit nicht in der Möglichkeit für das tiefe Spüren der Bedeutung von der Aussage „Ich bin".

Das unvollständige Selbstverständnis ist in gewisser Weise eine brauchbare Entschuldigung für das ewige Scheitern allerlei Willenserklärungen, die Menschen allein schon beim Jahreswechsel äußern. Was ist da in der Tiefe des menschlichen Gemüts los, was lässt den Menschen immer wieder in die „alten Angewohnheiten" zurückfallen?

Hier **„verur-teilen"** sich Menschen als willensschwach, ohne zu erkennen, dass sie keinen freien Willen haben. Denn die abgelehnte Realität der eigenen Psyche ist der Grund dafür, immer wieder in das Korsett willentlicher, disziplinierter Anstrengungen zu schlüpfen. Wie schwer muss es dann erst für die Anführer (Anstifter) von Volksgruppen sein, mit weltweiten Kriegen aufzuhören.

Wer hingegen das eigene innere Gemetzel ahnt, findet plötzlich mit Leichtigkeit zum Verständnis des paradoxen Umstandes, dass viele Menschen geradezu gewalttätig für Frieden und Freiheit auf der Welt kämpfen.

Es ist der Grundantrieb des Menschen in der Sehnsucht, sich gut (heil) zu fühlen, der ihn in Bewegung hält. Elektromagnetisch übersetzt heißt dies: Das Streben der negativen Ladung nach Ausgleich bringt den Menschen in Trab.

Anzuerkennen ist damit also die Tatsache, dass es ohne Negativität keine Bewegung gibt. Alles strebt buchstäblich „wie die Motten zu Licht". Ersetzen Sie den Begriff „Licht" mit dem Wort „Einheit" oder „Vereinigung", und Sie erkennen urplötzlich den Zweck dieses Grundsatzes allen menschlichen Lebens. Damit ist es eine einfache (simplonische) Logik, unsere Fähigkeit zu nutzen, über alle trennenden Ängste hinweg die Dinge zu Ende zu denken und sich damit der Erkenntnis der zweckhaften Perfektion des menschlichen Lebens zu nähern.

Stellen Sie sich einmal vor, Sie befänden sich von Geburt an in einem Zustand vollkommener Balance und Harmonie. Selbst die subtilsten Wünsche seien erfüllt. Gäbe es angesichts dieser Sättigung nur einen einzigen Grund, warum Sie sich in Bewegung setzen sollten, um irgendetwas Neues zu entdecken? Mitnichten, denn schließlich wären hier und jetzt Ihre Bedürfnisse ausnahmslos gestillt. Wozu also sollten Sie sich bewegen?

Nicht anders sieht es bei der angenommenen Variante aus, es wäre das Ziel des Lebens, mit allem im „Gleichklang" zu sein, denn wenn Sie *gleich*-gültig, wie Ihre persönlichen Umstände sind, mit allem, was geschieht in Einklang sind, gäbe es keinen Grund, sich in Bewegung zu setzen. Es fehlt die sehn*sucht*svolle Spannung, und ohne diese kann kein Handlungsfluss entstehen. Erahnen Sie die Analogie zum elektrischen Strom?

Wenn zwischen zwei räumlich getrennten Orten eine Potentialdifferenz besteht, also an einem Pol ein Überschuss an Ladungsträgern vorhanden ist und am anderen relativ weniger, dann resultiert daraus eine Spannung. Diese entlädt sich in dem Augenblick, in dem die Weiterleitung des Überschusses zum Ort des Mangels möglich wird. Strom fließt unverzüglich, sobald ein leitendes Kabel beide Pole verbindet. Dem Blitz genügt schon Luft infolge der immens hohen Spannung. Nach der Übertragung ist die Differenz ausgeglichen, die Ladungen sind gleichmäßig verteilt. Beide Seiten sind *gleich*wertig und *gleich*gültig. Und doch baut sich nach dem Spannungsausgleich durch Zerfall des ausgeglichenen Zustandes gleich wieder eine Differenz auf, denn die Bedingung für den „Fluss" des Lebens bleibt bestehen.

Spannung und Potentialdifferenz sind für das Leben demnach unerlässlich.

Ich erinnere noch einmal an die Zellmembran, Leben setzt elektrische Spannung voraus, der Ladungsausgleich führt hingegen zum Zelltod. Übersteigt irgendwann die Zahl der abgestorbenen Zellen ein bestimmtes Maß, stirbt der ganze Organismus, zu dem sich die Zellen zusammengefunden und organisiert haben. Es stirbt der Mensch.

Auf die Psyche übertragen, heißt das: Wenn Sie nicht mehr unter Spannung stehen und demnach keine Potential-differenzen aufweisen, mit anderen Worten nichts mehr begehren und ersehnen, weil alles echt und ehrlich *gleich*-gültig ist, dann ist der Zeitpunkt des Abschiedes vom irdischen Leben gekommen. Das ist bio*logisch*. Sie werden mit einem Lächeln auf den Lippen bereitwillig und friedlich abtreten, denn Sie spüren: Alles, was ich in diesem Leben erleben wollte, sollte, konnte ist erlebt.

120

Das ist ein völlig anderes Gehen, als der gewaltsame Abschied durch Kampf und Krankheit. Der Tod durch Kampf und Krankheit, die man „widrige Umstände" nennen könnte, ist das Ergebnis des Scheiterns an dem Verständnis für den Zweck des menschlichen Daseins. Verstehen Sie, warum es spätestens an dieser Stelle Zeit ist, sich von den Phantastereien der „Erleuchteten" zu verabschieden, jedenfalls hier im irdischen Leben? Ist das für Sie nach den parallelen Betrachtungen zur Elektrizitätslehre nachvollziehbar?

An dieser Stelle stellt sich die spannende Frage, von welcher Beschaffenheit diese Negativität ist. In der Betrachtung der kollektiven Blindheit für diese Sachfrage ist unvermutet die Antwort einfach.

Doch letztlich kann mit der erwähnten simplonischen Gradlinigkeit in einer Welt, die auf der Einheit beruht, am Grund der Dinge nichts Kompliziertes sein.

Der Negativitätsüberschuss (was wir als „schlechtes Gefühl" definieren) entsteht durch bestimmte Grund-annahmen, letztlich sind es nur Vermutungen über Ihre grundlegenden Charakterzüge. Sie sorgen für den negativen Anschub. Was alle Attribute miteinander eint, ist deren verbreitete kollektive Ablehnung. Mit anderen Worten, wenn Sie so sind, wie Sie annehmen, werden Sie von der Gemeinschaft abgelehnt und müssen mit Ihrer Verstoßung rechnen. Das wird intuitiv als lebensbedrohlich empfunden und ist nicht mit dem tiefsitzende Ahnen in Einklang zu bringen, Teil von dem großen EINEN zu sein.

Es ist geradezu eine Ironie des Schicksals, dass jeder Mensch ohne Ausnahme ab seiner Zeugung in diesen Topf langen muss. Nur dort greift er sich seine individuelle Kombination für den negativ geladenen Antrieb und damit die lebenserhaltende Spannung heraus. Wir nennen es Konditionierung.

An der Oberfläche des gemeinschaftlichen Miteinanders ist davon nahezu nichts zu sehen. Allein die Zahl sensibler Menschen ist auffällig, denen es ihnen nicht gelingt, den täglichen Kontakt zu diesen negativen Grundannahmen zu unterbinden. Sie werden dann von den „Normalen" in Kategorien eingeordnet, die sich von Selbstwertgestörten über Depressive bis zu psychotisch Kranke erstrecken.

122

Dem Rest der Bevölkerung ist es gelungen, sich genügend funktionierende Kompensationen für das Problem zu erschließen. Mit ihnen verstellen sie sich selbst und anderen den Blick auf diesen Ur-Kriegsschauplatz des menschlichen Lebens im Innern jedes menschlichen Wesens.

Von diesen negativen Grundannahmen heraus lässt sich für Außenstehende nicht immer auf die Rollenoberfläche des jeweiligen Menschen schließen. In der Regel erlaubt noch nicht einmal die bewusste Selbsterkenntnis recht wacher und kritischer Menschen einen direkten Zugriff auf diese angenommenen Persönlichkeitsanteile. So sehr sind sie angstvoll abgedrängt.

Wen wundert es dann noch, wenn in der Tiefe eines beruflich erfolgreichen Menschen das Gefühl, ein nichtssagender Niemand zu sein, sein Unwesen treiben kann, ja tatsächlich solange muss, bis dieser spannungsgebende Teil seines Wesens sich als „Einzelthema" erledigt hat und er sich weiteren Spannungsfelder zuwenden kann, die ebenfalls zum Ausgleich drängen.

An dieser Stelle einmal mehr Dank an meinen Freund Dr. Uli Mohr, dessen Gedanken ich hier übernommen habe, weil sie auch meine tiefsten Überzeugungen sind.

Neben der Logik des Geschehens, die für den Verstand nachvollziehbar wird, ist es die Spiritualität, die das Leben so spannend macht. Dabei würde es in die Irre führen, wenn dieser Begriff im heute weit verbreiteten Sinne von „Religiosität" verwendet würde.

Das Leben wird spürbar lebendiger und erfüllender, wenn die Rückkehr zum bisher verweigerten Fühlen der negativen Grundannahmen gelingt. Erst damit wird die Wahrnehmung von Leben zutiefst spirituell und be*geist*ernd, wenn Sie gleichzeitig den Sinn im *sinn*envolles Erleben erkannt haben. Scheitern Sie nicht an der Erkenntnis, dass es in Wirklichkeit nichts zu tun gibt, das Leben ändert sich nicht grundlegend durch Aktionismus (dem zwanghaften Bedarf, tätig zu werden) und lassen Sie zu, dass es ehrlich ist, dem gespürten Drang nach scheinbar veränderndem Tun trotzdem nachzugeben. Die dem Reformator Luther zugeschriebene Äußerung „Hier stehe ich – ich kann nicht anders!" beschreibt diese Situation sehr zutreffend.

Sie brauchen eine Antwort auf die Sinnfrage des menschlichen und Ihres persönlichen Daseins. Was sonst hätte Sie veranlassen sollen, sich diesem Buch zuzuwenden?

Also will ich Ihnen eine Antwort anbieten, wobei ich nicht sicher bin, ob Sie diese Antwort annehmen werden.

Haben wir nicht alle gelernt, dass wir die letzte Antwort nur im „Jenseits" bekommen werden? Dies würde also ausschließen, dass die Menschen ihren Frieden mit dem drängenden Gefühl der Frage nach dem „Sinn" im Hiersein finden könnten und damit akzeptieren müssten, dass sie letztlich zum Grübeln „verdammt" sind.

Es ist ein verdammt gutes und befreiendes Gefühl, trotzdem einen Sinn im menschlichen Dasein zu finden. Der Weg dahin ist jedoch die Erkenntnis, dass es ein notwendiger Irrweg sein muss, der uns Menschen nach der Lösung der **Sinn**frage auf den Weg bringt, einzig und allein aus dem Zweck heraus, dass wir im Mangel bleiben.

Wenn aber Mangel das Kennzeichen eines negativen Pols ist, dann existiert auch Fülle als Gegenpol. Dies ist, wie wir wissen, Bedingung für die Existenz von jeglichem Leben. Kombinieren Sie jetzt messerscharf: Welche Bedingung gilt für das Verstehen des Sinnes von menschlichem Leben – von Ihrem und von meinem?

Die Bedingung ist es, den **Zweck** des Daseins zu untersuchen, denn damit wird das Erkennen des Sinns von den Teilen des Ganzen möglich - und wir Menschen sind ja Teile des Ganzen, oder haben Sie daran Zweifel?

Im „teilchenlosen Kontinuum" – in der teilchenlosen Einheit des „Äthers" entsteht alle Bewegung durch duale Aufspaltungen. Mithin ist der Mensch im Prinzip des alles umfassenden unendlichen Universums (nennen Sie es ruhig weiterhin „Schöpfung", wenn Sie sich noch nicht von der irrtümlichen Annahme des „Urknalls" lösen können) der „Transporteur" für die Spaltung, was nichts anderes aussagt, als dass lebendige Organismen Bedingung für die Energiebewegung des Ganzen ist. Dabei lässt sich spüren, beobachten und messen, dass alle Energiebewegung in Wirbeln erfolgt.

Die Analogien im menschlichen Sprachgebrauch zeugen von dieser Wirklichkeit. Der Wasserwirbel, die Wirbelwinde sind bekannt. Neben den bekannten Luftwirbeln benennt man lebendige, agile Menschen ebenfalls als „Wirbelwind". Elektrischer Strom erzeugt durch seine Wirbel zwischen zwei Polen das Magnetfeld. Alles ist Energie…

Menschen sind bildhaft erkennende Wesen. Unser biologisches System erkennt und erfasst Schwingungen im Bild dessen, was er wahrnimmt. Lange vor der bewussten Tätigkeit des Verstandes „scannt" der Mensch unbewusst seine Umgebung und sein Gegenüber. Die reflektierten Schwingungen bestimmen sein Verhalten in jeder Situation.

Deshalb ist es zielführend, wenn ich einmal mehr die „Bildersprache" für das klare Spüren und Erkennen des Zwecks von menschlichem Leben heranziehe. Das passende Bild ist die gedankliche Vorstellung eines Uhrwerks. Der Zweck jeden einzelnen „Rädchens" in einer Uhr ist es, dem perfekten Zusammenspiel aller Einzelteile zu dienen. Nur daraus ergibt sich die Möglichkeit, die Zeit abzulesen. Fehlt nur ein Rädchen, steht die Uhr still.

Was stört Sie an der Erkenntnis, dass Menschen den gleichen Zweck im „Getriebe" des Universums haben – welches die Daseinsform des „Alles" ist?

Nun, Sie könnten beleidigt sein und sich der Tatsache eines so einfachen Zwecks widersetzen. Sie könnten einwenden, dass Sie einen Geist, eine Seele haben, womit Sie sich klar von einem seelenlosen Teil einer mechanischer Uhr unterscheiden. Dann weise ich Sie darauf hin, dass Sie den biologischen Anteil mit der Gesamtheit Ihres Seins verwechseln. Das „Teilchenbild" des biologischen Körpers beschreibt den mechanischen Zweck, die Seele ist der energetische Anteil des Individuums am Ganzen.

Und nach den „Thermischen Gesetzen" wissen wir, dass alle Energie in ihrer Gesamtheit jederzeit und unendlich besteht, sich ständig wandelt und nicht zerstörbar ist, also auch nicht „aufgebraucht" werden kann.

Wiederum biete ich Ihnen ein Bild für das Verständnis an. Wenn sie sich in der „Ur-Suppe" der Schöpfung während ihres menschlichen Daseins als Karotte erleben, wird mit dem Zerfall der Karotte (vergleichbar mit dem biologischen Tod) sich lediglich die Form in ihre Bestandteile auflösen.

„Staub bist Du – und zu Staub kehrst Du zurück!" Dies ist der Anteil der sichtbaren Materie, die in ihre Einzelteile zerfällt. Wenn im Verständnis des Bildes von der Karotte in der Ursuppe allerdings die formgebende Substanz zerfällt, bleiben doch der Geschmack der Karotte in der Suppe zurück. Verstehen Sie, was ich meine?

128

Der seelische Anteil des verstorbenen Menschen ist der immerwährende Anteil des Ganzen, sonst hätte nach dem Thermischen Gesetz das GANZE als unendliche Summe seiner Teile das Attribut **ganz** nicht mehr verdient. Was ist aber der seelische Anteil des Menschen als „Instrument" des Lebens?

Es ist genau das, was Sie zur Energiewandlung beitragen bzw. beigetragen haben. Und jeder Anteil am Energiewandlungsprozess ist ohne Bewertung zu sehen. Damit haben wir Menschen Schwierigkeiten, denn zum selbsterfüllenden Zweck einer Bewertung muss es einen Grund geben, es ist die „Notwendigkeit" der Polarität, ohne die kein Leben stattfindet. In der „Einheit" gibt es diese Polarität nicht, und damit ist im Sinne der Einheit auch keine Bewertung mehr vorhanden. Das ist bereits bei der Existenzform von nichtmenschlichem Leben zu beobachten. Oder können Sie sich vorstellen, dass der Mond nur für Verliebte scheint und die Sonne sich überlegt, ob dieser oder jener Mensch es verdient hat, dass sie auf ihn scheint?

Alles, aber auch restlich alles, was unser Wesen, unsere Seele ausmacht, ist unverwechselbarer individueller Anteil der gesamten Energie, der kosmischen Information. Unser Beitrag zum stetigen Wandlungsprozess wird nur von Menschen bewertet und zwar nach wiederum individuellen Wesensmerkmalen der bewertenden Person oder der Gemeinschaft.

Mit der Auflösung des „Begrenzt-Seins" im menschlichen Körper erlischt die Wahrnehmung, die Selbst-Erkenntnis, sonst nichts. Die endliche Form der Karotte endet, der Geschmack, die Information (was jede Energie bezeichnet) bleibt.

Ich habe Verständnis für alle Menschen, die sich lediglich in ihrer menschlichen Daseinsform erkennen und daraus den nachvollziehbaren Wunsch nach Unsterblichkeit oder mindestens nach einer Wiedergeburt spüren.

Aber können Sie sich vorstellen, dass sich die Teile der aufgelösten Karotte in der Ursuppe noch einmal in derselben Form zusammenfinden? Wozu sollte dies nötig sein? Die biologische Karotte hat ihren Zweck erfüllt und die energetischen Teile der Karotte sind ohnehin schon immer substanzieller Teil des Ganzen.

Damit entlarvt sich der Gedanke der Seelenwanderung, die Annahme der Wiedergeburt, letztlich sogar die Vorstellung von der „Auferstehung des Fleisches" als von Menschen gemacht, die die Dinge nicht zu Ende denken konnten.

Einzig und allein die Tatsache, dass menschliches Leben als eine begrenzte biologische Form eine Erscheinungsform des Ganzen ist und seinen Zweck erfüllt, ist die logische Konsequenz aus allem, was erfahrbar ist. Und der Zweck ist die Erfüllung der Bedingung, dass lebendige Energie bipolar sein muss.

Spüren sie dem Gefühl nach, was es mit Ihnen macht. Jeder Widerstand dagegen ist Antrieb für rastlose Suche und damit menschlich. Wenn jedoch Frieden (Befriedung) das Ziel, Ihr Bedürfnis ist, erreichen Sie diesen nur durch die Anerkenntnis, dass alles so ist, wie ich beschrieben habe.

Nachwort

Ich bin ein Mensch. Damit ich mich von Anfang an von anderen Menschen unterscheiden kann, haben mir meine Eltern einen Namen gegeben. Mir ist bewusst, dass ich mich in meiner Art unverwechselbar von anderen Menschen unterscheide und doch zumindest in der Erkenntnis der Grenzen, die mir mein irdisches Leben setzt, der Existenz von allen Menschen gleiche.

Das Kennzeichen meines „Selbst-Bewusstseins" ist mit der Erfahrung des „Andersseins" im Unterschied zur Masse gar zu oft die erlebte Ablehnung gewesen. Dieses negative Gefühl war wohl mein persönlicher Antrieb, mich auf die Suche nach der sinngebenden Antwort aufzumachen.

Woher mein Mut kommt, allseits gültige „Normen" zu hinterfragen, kann ich nur ahnen. Vielleicht ist es der Wille zum Überleben gewesen, der in mir entstanden ist, als mich meine Mutter in ihrer eigenen Unfähigkeit, ihr Leben zu meistern, als Kind mehrfach totschlagen wollte. Im Erkennen des Sinnes darin konnte ich mich mit diesem Erlebten tatsächlich versöhnen.

Ich wünsche Ihnen, dass weniger dramatische Erlebnisse ihren Weg kennzeichnen. Obwohl: Mich stört die Wahrnehmung von dramatischen Ereignissen im Leben meiner Mitmenschen nicht mehr wirklich, denn ich habe erkannt (das Leben hat mich gelehrt), dass der „Ladungszustand" - die „Intensität des Gefühls" – Kennzeichen davon ist, mit welcher Ladung der heilende Gegenpol behaftet sein muss.

„In jedem Schlechten liegt etwas Gutes, man muss es nur finden!" Diese Aussage spiegelt sich im Symbol des Yin und Yang wieder. Wenn wir nur fühlen könnten, dass dies so ist! In diesem Sinne irrt auch die Fernsehjournalistin Nina Ruge, wenn sie sagt: „Alles wird gut!"

Nein, alles **ist** gut so wie es ist, auch wenn wir es manchmal nicht erkennen können. Bei mir hat es neben dem inneren Frieden und damit mit dem Abschluss der zwanghaften Suche nach dem Zweck meines Daseins auch in gewisser Weise zur Demut geführt. Das hat mir gut getan. Also:

Fragen Sie nicht nach dem Sinn des Lebens, fragen Sie lieber nach dem Zweck!

Weitere Bücher von mir, erschienen im e-Ratgeberverlag:

(Bezug über das Bestellsystem auf www.e-ratgeberverlag.com oder direkt über meine Mailadresse bestellung@e-ratgeberverlag.com)

„Die Liebe pur – oder die körperliche Liebe, wie sie wirklich sein sollte"

Inhaltsbeschreibung:

Zwei Extreme beobachten wir in der Sexualität:

Einerseits erotische Botschaften, wohin man nur blickt und andererseits Flaute in den Ehebetten.

Das Elend in der körperlichen Liebe betrifft fast alle länger andauernden Beziehungen. Es hängt damit zusammen, dass seit Jahrhunderten die Männer vergessen haben, wie man eine Frau körperlich richtig liebt. Statt dessen haben die Männer ihren Frauen vorgeschwindelt, dass es der beste Ausdruck von Liebe sei, wenn sie ihre Männer sexuell erregen und verführen.

Dies ist einer der Gründe, warum es in den Beziehungen nicht klappt, denn tatsächlich ist es genau umgekehrt...

Hier ist das Ratgeber-Buch für alle, die mit ihrer Sexualität unzufrieden sind und nach wahrer Erfüllung und Zufriedenheit in der körperlichen Begegnung mit dem anderen Geschlecht suchen!

ISBN: 978-3-943231-09-0

Preis: 16,90 €

„Krebs ist ein Missverständnis"

<u>Inhaltsbeschreibung</u>:

Krebs gilt als eine der ganz großen menschlichen Geiseln.

Trotz der Errungenschaften der modernen Medizin gleicht die Mitteilung dieser Diagnose immer noch fast einem Todesurteil. Angst und Unsicherheit, manchmal Verzweiflung nehmen Besitz von den meisten Menschen, die von ihrem Krebs erfahren.

Das Buch erzählt Geschichten von Menschen, die Krebs hatten. Der Autor überlässt es dem Leser, sich aus den Inhalten eine eigene Meinung zu bilden.

In den 20 Jahren, in denen der Autor mit Hunderten von austherapierten Menschen erfolgreich gearbeitet hat, ist er allerdings zu einer ganz anderen Ansicht zu jeglichem Krebsgeschehen gelangt: Wenn man die Naturgesetze kennt, heilt alles, was wir fälschlicherweise Krankheit nennen.

ISBN: 978-3-943231-45-8

Preis: 17,90 €

136

„Fremdgehen ist auch keine Lösung"

HINWEIS: Dieser Roman ist für Jugendliche
unter 16 Jahren nicht geeignet!

Inhaltsbeschreibung:

Dies ist die Lebensgeschichte von Georg. Genauer gesagt,
ist es die Erzählung davon, wie sich seine Sexualität vom
notorischen Fremdgänger zum tatsächlich liebenden Mann
entwickelt hat. Dafür braucht er rund vierzig Jahre.

Die launige und provozierend offene Sprache von Georg
soll nicht darüber hinwegtäuschen, dass der Leser Zeuge
eines Dramas wird, allerdings mit einem guten Ausgang.

Der Leser begleitet Georg durch 60 Jahre seines Lebens.
In der Zeit seiner Pubertät tastet er sich an die körperliche
Liebe zwischen Mann und Frau heran. Erste Beziehungen
sind nicht von langer Dauer. Dann heiratet er und zeugt
eine Tochter. Schon während der Schwangerschaft seiner
Frau kann Georg nicht treu sein.

Er entwickelt sich zum sexsüchtigen Mann, der Liebe mit
hartem, forderndem Sex verwechselt. Seine Ehe geht zu
Bruch, seine zweite Beziehung scheitert. Erst in seiner
nächsten Ehe hätte er die Chance gehabt, eine tragfähige
Liebesbeziehung aufzubauen. Stattdessen konsumiert er
Sex, wo immer er ihn bekommen kann.

Erst als er spürt, dass jede weitere Orgie,
jeder nächste anonyme Geschlechtsverkehr
seine innere Leere und Enttäuschung nur
verstärkt, beginnt er zu begreifen, dass die
körperliche Liebe nur Sinn und Erfüllung
bringt, wenn er seine Einstellung ändert…

ISBN:978-3-943231-40-3

Preis: 24,90 €

137

Wenn Sie sich Notizen machen wollen, hier ist Platz dafür: